KB232491

행복을 위한 81가지 이야기

말씀과만남의 정신

도서출판 말씀과만남은 그리스도인들과 세상 모든 사람들이
하나님의 말씀과 만나 그 생각이 새로워지고 그 삶이 풍성해지도록 돕고 있습니다.

The Malsseum & Mannam Publishing House is helping Christians and men in the
world to meet with God's Word so that they may have their spirits renewed and
have an abundant life.

배창돈 전도 시리즈 1

행복을 위한 81가지 이야기

배 창 돈

1판 1쇄 / 2004. 11. 10
발행처 / 말씀과만남
발행인 / 최 헌 근
등록번호 / 제20-444호
등록일자 / 1991. 6. 19

138-220 서울특별시 송파구 잠실동 339-3
Tel : (031)594-6327, Fax : (031) 594-6328
전자우편 : mmpress@hanmail.net

ISBN 89-7508-147-8 (03230)

정가 : 7,000원
잘못된 책은 바꾸어 드립니다.

배창돈 전도 시리즈 1

행복을 위한 81가지 이야기

배창돈 지음

말씀과만남

머 리 말

머칠 전 새벽기도회를 가던 중에 부도상품 할인 판매를 하던 백화점 앞을 지나면서 깜짝 놀라고 말았습니다. 200여명 정도의 사람들이 줄을 서 있었기 때문입니다. 그들은 오전 10시 30분에 문을 여는 백화점이 선착순 200명에게 주는 라면 한 박스를 얻기 위해 줄을 서 있었던 것입니다. 참으로 안타깝기도 하고 서글픈 생각이 들었습니다. 그 사람들 중에는 밤새도록 추위에 떨며 그 자리를 지킨 사람도 있었을 것입니다.

사람들은 가치 있는 것을 찾아 헤매고 있습니다. 그 가치 속에 있는 조그만 행복을 맛보기 위함입니다.

인간이 찾아다니는 행복과 비교되지 않는 행복을 파는 분이 있습니다. 그분은 바로 예수 그리스도입니다.

"내가 곧 생명의 떡이니 내게 오는 자는 결코 주리지 아니할 터이요, 나를 믿는 자는 영원히 목마르지 아니하리라"고 하신 그 분은 누구나 만날 수가 있습니다.

이 분을 소개하고 싶은 욕심에 매주 한 편씩 쓴 글을 모아 책으로 내놓게 되었습니다.

"행복을 위한 81가지 이야기"가 당신의 행복을 점화시키는 불씨가 될 것으로 확신합니다. 그럼 81가지 이야기 속에서 만납시다.

20004년 11 월 7 일

평택에서 배창돈

차 례

81 stories for the happiness

행복을 위한 81가지 이야기

5달러에 빼앗긴 행복

부모를 일찍 잃은 헨리 영이라는 소년이 여동생에게 먹을 것을 사 주기 위해 5달러를 훔치다가 들켜서 감옥으로 가게 됩니다.

그는 감옥에서 탈옥을 시도하다가 지하 독방에 갇혀 3년 동안 생활을 합니다.

지옥 같은 지하 독방의 어두움과 모진 고문은 그를 정신 이상자로 만들기에 충분하였습니다.

지하 독방에서 나오던 날, 후유증으로 인한 순간적인 충동으로 한 죄수를 살해합니다. 결국 그는 살인죄로 기소되어 사형을 기다리는 운명에 처합니다.

같은 시기에 한 소년도 5달러를 형의 주머니에서 훔쳤고, 그 사실이 발각됩니다. 그러나 그는 용서를 받게 됩니다.

이후 그는 미국의 하버드 대학 법과를 졸업하고 변호사가 됩니다.

변호사가 된 후 처음으로 맡은 일이 바로 헨리 영을 변호하는 일이었습니다.

용서가 두 사람의 인생을 갈라놓고 만 것입니다.

용서야말로 인생을 새롭게 만드는 힘입니다.

하나님도 죄 많은 인생을 예수님을 통해 용서하셨습니다. 하나님은 용서를 구하는 모든 사람에게 준비된 최고의 자리인 천국으로 초청하십니다.

행복은 용서받은 자의 것입니다. 용서와 행복을 함께 준비하신 주님의 부르심을 아직도 외면하고 있지는 않습니까?

너희가 사람의 과실을 용서하지 아니하면 너희 아버지께서도 너희 과실을 용서하지 아니하시리라

(마태복음 6:15)

70번째의 성공

어떤 개미가 자기보다 큰 곡식알을 운반하여 높은 벽을 오르고 있었습니다.

개미는 몇 번이고 곡식알을 떨어뜨렸습니다. 69번째까지 개미는 실패를 거듭했습니다. 그러나 개미는 70번째 비로소 정상에 도달했습니다.

몽골의 영웅 티무르(1405)가 젊은 날에 적으로부터 피신해 있으면서 이런 광경을 보았다고 합니다. 그는 이후 지중해에서 인도의 갠지스 강에 이르는 대제국을 건설하였습니다.

열매 맺기 위해서는 시간이 필요합니다. 그리고 실패와 좌절, 아픔도 맛보게 됩니다. 씨를 뿌리고 금방 거두려고 하는 자는 아무 것도 거둘 수 없습니다. 기다리고 노력해야 합니다. 우리는 너무나 조급한 시대를 살고 있습니다. 지금 최선을 다한다면 반드시 열매가 있습니다.

하나님이 주신 지금은 기회입니다. 우선 눈에 보이는 결과에 낙심하지 말고 계속해서 뿌린다면 때가 되면 반드시 거두게 될 것입니다. 그러므로 뿌려야 합니다. 거둘 때까지…

자기의 육체를 위하여 심는 자는 육체로부터 썩어진 것을 거두고 성령을 위하여 심는 자는 성령으로부터 영생을 거두리라. 우리가 선을 행하되 낙심하지 말지니 피곤하지 아니하면 때가 이르매 거두리라

(갈라디아서 6:8-9)

3

가우가멜라의 싸움

기원전 331년 10월 알렉산더 대왕이 이끄는 헬라 동맹군과 페르시아의 다리우스3세가 가우가멜라 평원에서 대전투를 벌였습니다.

병력은 알렉산더 대왕이 4만 7천명 다리우스3세의 병력이 20만이었습니다. 기회를 포착하면 놓치지 않는 알렉산더 대왕은 다리우스3세의 화평을 거절했습니다.

다리우스3세는 3만 달란트의 현금과 페르시아 대국의 절반 그리고 왕녀를 바치겠다는 조건을 제시했습니다.

알렉산더는 이 전투에서 승리하므로 전 페르시아의 지배권을 완전히 장악하게 되었습니다. 다가오는 기회를 놓치고 후회하는 사람들이 얼마나 많은지 모릅니다. 기회는 누구에게나 있습니다. 기회를 놓친 사람은 실패했고, 기회를 잘 이용한 사람은 승리의 기쁨을 맛보았습니다. 기회는 준비이며 내일에 대한 보장입니다.

하나님은 이 세상 모든 시간을 내세(천국)에 대한 준비의 기회로 주셨습니다.

핑계가 많은 사람과 보화의 진수를 모르는 사람은 언제나 시간이 부족할 뿐입니다.

시간이 내 것이 아니기에 기회는 바로 오늘인 것입니다. 예수님은 인생에게 천국 예약을 오늘 하라고 권면하십니다.

···아무 낙이 없다고 할 때가 가깝기 전에 너의 창조자를 기억하라

(전도서 12:1)

4

가장 위대한 성인

영국의 신학자로 케임브리지 대학 교수였던 모리스(John. F. D Maurice 1805-1872)가 어떤 병원을 방문했을 때 어떤 환자가 젊은 여인을 붙잡고 소리쳤습니다.

"당신이 오늘 존재하고 있다는 사실에 대해 감사하고 있습니까?' 그리고 그 환자는 심한 발작을 일으켰습니다.

사람들은 평범한 일에 대해서는 감사하지 못하는 경우가 많습니다. 건강함, 일용할 양식, 아름다운 자연과 공기 등 찾아보면 너무나 많습니다.

감사의 제목은 멀리 있는 것이 아니라 가까이에 있습니다. 어떤 분이 이렇게 말했습니다. "이 세상에서 가장 훌륭한 성인은 늘 하나님께 감사하는 사람이다.”

하나님의 살아 계심을 인정한다면 감사하고 살아야 합니다. 그러나 자신 스스로 하나님처럼 사는 사람은 언제나 불만과 불평 속에 살 수 밖에 없습니다. 인생 스스로 감사의 제목을 만들기에는 너무나 약한 존재이기 때문입니다.

사람이 하나님으로부터 받은 것 모두는 공짜입니다. 잠깐 생각해 보세요. 생명, 건강, 가족, 자연, 양식, 물, 공기 등 하나님은 멀리 있는 하나님이 아니요 가까이 있는 하나님이십니다. 온갖 것을 공급하실 뿐 아니라 우리의 상상을 초월하는 놀라운 일들을 행하십니다.

하나님은 감사하는 자를 사랑하십니다. 그리고 감사하는 자에게 더 많은 것으로 베풀어 주십니다. 감사야말로 사람이 가질 수 있는 확실한 힘입니다. 하나님의 마음을 사로잡을 수 있으니까요.

> 우리가 종일 하나님으로 자랑하였나이다 우리가 하나님의 이름을 영영히 감사하리이다
>
> (시편 44:8)
>
> 하나님이여 우리가 주께 감사하고 감사함은 주의 이름이 가까움이라 사람들이 주의 기사를 전파하나이다
>
> (시편 75:1)

5

가장 중요한 것

런던호가 영국 해안에서 침몰 당했을 때의 이야기입니다. 배가 이미 침몰하여 가망이 없는 상태가 되었을 때 한 여행자가 물에 잠긴 선실로 내려가 자기의 트렁크를 찾아서 갑판위로 올라왔습니다. 그는 숨을 헐떡이며 만족한 표정을 지으며 트렁크를 바라보았습니다.

이 모습을 바라보던 선장은 이 사람의 행동을 보며 고개를 저었습니다. 트렁크는 구했지만 이제 곧 밀어 닥칠 죽음에 대한 염려는 하지 않는 모습이 참으로 안타까웠기 때문입니다.

사람에게 가장 중요한 것은 영혼입니다. 그런데 영혼을 잃어버리고 살면서 다른 것으로 만족한다고 해서 행복을 누릴 수는 없습니다. "모든 별이나, 하늘이나 땅이나 모든 나라들도 영혼 하나 보다 낫지 못하다" 파스칼의 말입니다.

당신에게도 영혼이 있습니다. 이 사실을 깨닫지 못하고 살지는 않습니까?

하나님과의 교제는 육체가 아니라 영혼을 통해서 합니다. 그래서 하나님은 당신의 영혼의 상태에 관심이 있습니다. 영혼이 잘 되지 않고는 그 어떤 복도 일시적인 그림자에 불과함을 알아야 합니다.

> 사랑하는 자여 네 영혼이 잘됨 같이 네가 범사에 잘 되고 강건하기를 내가 간구하노라
>
> (요한3서 1:2)

6

가정의 행복

1874년에서 1880년까지 영국의 수상을 지낸 벤쟈민 디스레일리(Benjamin Disraeli)는 자기보다 12살이나 연상인 여성과 결혼했지만 그들의 결혼 생활은 매우 행복했다고 합니다.

오늘날 결혼하지 못하면 죽을 것처럼 난리를 치고도 결혼 생활이 비극으로 끝나는 경우가 얼마나 많은지 모릅니다.

하나님은 가정을 통해 삶에 평화와 안정감, 그리고 생활의 조화를 주셨습니다. 그런데 오늘날 많은 가정이 폭력 남편, 바람난 아내와 무질서한 남편으로부터 상처를 받고 방황하는 이들이 얼마나 많은지 모릅니다.

가정이 하나님께서 가르쳐 주신 원칙대로, 가족 관계를 회복해야 합니다.

성경은 남편에게 "아내를 사랑하라"고 말씀합니다. 그리고 아내에게는 "남편을 존경하라"고 가르칩니다. 남편이 아내를 사랑으로 이끌고, 아내가 남편을 사랑으로 따를 때, 하나님께서 약속하신 복이 주어집니다.

가정의 행복은 하나님을 경외하는 것에서부터 시작됩니다. 하나님을 경외하지 않는 가정은 예기치 못하는 파탄으로 고통을 당할 수밖에 없습니다.

사람과 가정의 파멸은 질서가 깨어질 때 시작됩니다. 하나님을 바라볼 수 있는 눈과 하나님의 음성을 들을 수 있는 마음의 귀를 가진다면 하나님이 주시는 가정의 행복을 소유하게 될 것입니다.

여호와를 경외하며 그 도에 행하는 자마다 복이 있도다…네 집 내실에 있는 네 아내는 결실한 포도나무 같으며 네 상에 둘린 자식은 어린 감람나무 같으리로다 여호와를 경외하는 자는 이같이 복을 얻으리로다

(시편 128:1-4)

걸어 다니는 병원

존 칼빈은 몸이 약한 사람으로 "걸어 다니는 병원"이라는 별명을 가진 사람이었습니다.

그가 가진 병은 일곱 가지나 되었습니다. 심한 두통으로 고생했고, 심장병으로 숨이 막힐 정도의 고통을 받았으며, 폐병으로 오후에는 미열이 계속되었으며, 위장병이 심하여 하루 한 끼 이상 먹지 못하여 몸은 야위어 갔습니다. 그리고 그 외에 각기병과 치질, 신경통으로 보행이 불편했다고 합니다.

그러나 그는 많은 사람들의 존경을 받은 사람이었습니다. 그가 지은 기독교 강요라는 책은 지금까지 많은 기독교인들의 사랑을 받고 있습니다.

그가 55세로 세상을 떠날 때에는 90세의 노인처럼 보였다고 합니다. 그는 "현재의 고난은 장차 우리에게 나타날 영광과 족히 비교할 수 없도다."라는 로마서 8장 18절 말씀을 외우며 하나님의 부름을 받았다고 합니다.

고난을 통해 성숙한 삶을 산 사람들은 많습니다. 소망 없는 고난은 절망과 파멸을 가져다주지만 믿음을 가진 자는 고난 속에서 소망을 발견합니다. 그리고 믿음을 가진 자에게는 영원한 고난이란 존재하지 않습니다. 일시적인 고난이 존재할 뿐입니다. 영원을 사는 사람에게 고난은 단지 순간에 불과하기 때문입니다.

> 여러 계시를 받은 것이 지극히 크므로 너무 자고하지 않게 하시려고 내 육체에 가시 곧 사단의 사자를 주셨으니 이는 나를 쳐서 너무 자고하지 않게 하려 하심이니라
>
> (고린도후서 12:7)

8

고갈되지 않는 보화

어떤 부자가 하루는 네 명의 종들을 불러 놓고 선물을 주기를 원하였습니다. 20달러의 현금과 성경책 중에 선택하는 것이었습니다.

첫 번째 종이 "성경책을 가지고 싶지만 저는 글을 모르기에 현금으로 받는 것이 났습니다."라고 대답했습니다.

두 번째 종은 "지금 가족 중에 병든 사람이 있어 마침 돈이 필요하던 중입니다."라고 말했습니다.

세 번째 종은 "저는 너무 바빠서 성경을 읽을 시간이 전혀 없습니다."라고 했습니다.

마지막으로 가장 나이 어린 종이 성경책을 선택하며 이렇게 말했습니다. "제 어머니가 성경은 수천 개의 금화보다 훨씬 낫다고 가르쳐 주셨습니다."

소년이 성경책 겉장을 넘기는 순간 그 속에는 금화와 수표책이 함께 들어 있는 것을 발견하였습니다. 세 명의 종은 이것을 보며 가슴을 치며 안타까워했다고 합니다.

하나님의 말씀인 성경은 인간에게 주신 보화입니다. 그 속에는 인생의 모든 문제를 해결할 수 있는 해답이 있기 때문에 말씀대로 행할 때에 하나님의 살아계심을 체험할 수 있습니다. 오늘날 많은 그리스도인들조차 그 보화를 묻어 두고 있습니다. 매일 흙 위로 걸으면서도 그 속에 묻힌 결코 고갈되지 않는 엄청난 보화를 발견하지 못하고 삽니다. 당신은 어떻습니까?

너희가 성경에서 영생을 얻는 줄 생각하고 성경을 상고하거니와 이 성경이 곧 내게 대하여 증거하는 것이로다

(요한복음 5:39)

교만과 다툼

다툼의 원인을 살펴보면 아주 사소한 것에서 시작되는 경우가 대부분입니다. 부부싸움도 말 한마디가 가정을 파경으로 이끄는 경우가 얼마나 많은지 모릅니다.

이솝 우화에 나오는 이야기입니다. 그리스 신들이 한 자리에 모여 자기 짝을 선택하는 제비뽑기에서 한 부부가 탄생합니다. 〈교만의 여신〉과 〈다툼의 신〉이 결합해서 부부가 된 것입니다.

부부가 된 이들은 언제나 함께 다녔습니다. 〈교만의 여신〉이 가는 곳에는 〈다툼의 신〉이 일을 거들게 되었고 그들이 가는 곳에는 싸움이 그치지 않았습니다.

교만한 사람들이 가는 곳에는 분쟁이 끊이지 않았습니다. 분쟁의 적은 언제나 내부에 있습니다. 주님은 하나 되지 못하고 싸우는 사람들에 대해 염려하셨습니다. "하나 되게 하소서"는 주님의 가장 중요한 기도 제목이었습니다(요한복음 17:11).

하와에게 시도하여 성공한 사탄의 분열 작업은 오늘도 계속해서 곳곳에서 성공을 거두고 있습니다. 가정의 파괴, 국가 간의 분쟁, 교회 속에서의 분열…인생의 비극은 하나 되지 못하는 비극이요 다툼에서부터 시작되는 비극입니다. 화평과 사랑 그리고 하나 됨의 선물을 주시는 예수님을 믿고 싶지 않습니까?

평안의 매는 줄로 성령의 하나 되게 하신 것을 힘써 지키라

(에베소서 4:3)

10

그물에서 벗어나는 방법

조셉 스토웰이 지은 "당신의 시련에는 뜻이 있다"는 책에 이런 내용이 기록되어 있습니다. "큰 아들이 수영 강습을 받아도 될 나이가 되었을 때 우리는 그 애를 YMCA에 등록시키고 아들과 함께 수영장으로 갔습니다. 아들은 탈의실로 가서 옷을 갈아입고 수영장으로 갔고, 나는 훈련을 지켜볼 수 있도록 만들어 놓은 유리방에서 아들을 지켜보고 있었습니다. 아들은 물을 한번 쳐다보고는 눈물을 흘리기 시작했고, 수영 코치는 아들을 내게로 보내왔습니다. 아들은 수영을 배우지 않겠다고 훌쩍거렸습니다. 나는 구슬리기도 하고 야단도 쳤으나 아무런 소용이 없었습니다. 그래서 나는 수영을 배워야 할 목적이 있다고 말하면서, 이다음 네가 커서 어린 아들과 낚시하러 갔는데 아이가 호수에 빠진다면 누가 구하겠느냐고 물었습니다. 그리고는 도움이 될 만한 이야기를 많이 해주고는 한 가지 약속을 했습니다. 어느 때고 물이 무서울 때 유리방을 쳐다보면 나는 OK사인을 보내겠다고 했습니다. 그러니 수영을 배우게 한 목적을 생각하며 열심히 연습하라고 했습니다.

머칠 후 머리를 물밑으로 넣는 연습을 하는 날이 왔습니다. 아들의 차례가 되자 걱정스런 표정으로 나를 보았고 나는 사인을 해 보였습니다. 아들은 미소를 지어 보였고 결국 해내고 말았습니다."

아들은 두려울 때 아버지를 바라보았습니다. 두려울 때 물을 보았다면 그는 아무 것도 할 수 없었을 것입니다. 어려움이 닥치면 하나님을 보아야 합니다. 그러면 어떤 어려움도 능히 이길 수 있습니다.

> 내 눈이 항상 여호와를 앙망함은 내 발을 그물에서 벗어나게 하실 것임이로다
>
> (시편 25:15)

11

기쁨

기쁨은 하나님이 주신 능력입니다. 미국의 목사이며 무디와 함께 대 각성 운동을 주도했던 비처라는 목사는 기쁨에 대해 이런 말을 했습니다.

"기쁨은 하나님께서 사용하시는 약이다. 모든 사람은 그것으로 자신을 치료해야 한다. 소름끼치는 걱정, 언짢음, 근심 등 삶의 모든 먼지들은 기쁨이라는 기름으로 말끔히 닦아내야 한다. 기쁨이 없는 사람은 마치 스프링 없는 마차와 같아서 길바닥에 깔려 있는 자갈에 걸려 덜컹거리게 되고 그 안에 타고 있는 사람들을 불쾌하게 한다."

사람에게 주신 여러 가지 감정 중에서 기쁨처럼 사람을 건강하게 하는 것도 없습니다. 기뻐하는 자는 내적, 외적으로 건강을 얻게 됩니다. 기쁨은 하나님이 주신 최고의 감정입니다. 사람이 감정을 표현하지 못한다면 이는 병든 사람입니다. 기쁨은 삶에 새로운 에너지가 됩니다. 특히 기쁨은 하나님의 뜻에 합당한 모습이기 때문에 하나님의 사랑을 받게 됩니다. 사람을 병들게 하는 부정적인 감정은 마음속에서 빼내야 합니다. "항상 기뻐하라"는 것이 하나님의 뜻이기 때문입니다. 기쁨은 긍정적인 삶을 사는 자의 대표적인 표현입니다.

주 안에서 항상 기뻐하라 내가 다시 말하노니 기뻐하라

(빌립보서 4:4)

12

노력으로 안 되는 구원

강아지가 우물 속에 빠졌습니다. 가련한 강아지는 우물 속에서 큰 소리로 울부짖고 있었습니다. 마침 우물곁을 지나던 신사가 두레박을 우물 속으로 내려 보냈습니다.

강아지는 다행히 물속에는 빠지지 않고 돌출된 돌 위에 간신히 의지하고 있었습니다. 강아지는 작은 앞발로서 두레박을 만지다가는 발을 거두고 절망적으로 몇 번이고 울어댈 뿐이었습니다. 강아지는 자기를 구원해 줄 두레박을 신뢰할 수 없었던 모양입니다.

강아지의 처절한 울음소리는 신사의 마음을 아프게 하였습니다. 계속해서 두레박 위로 올라오라는 사인을 보냈지만 한동안 그대로 버티고 있었습니다.

강아지는 차츰 힘이 빠지면서 물속으로 계속해서 빠져갔습니다. 마침내 지쳐버린 강아지는 하는 수 없다는 듯이 두레박 속으로 뛰어 들었습니다. 신사는 두레박을 끌어올려 땅위로 쉽게 내려 주었습니다.

오늘날 많은 사람들이 하나님께서 제시한 구원의 방법을 신뢰하지 못하고 자신의 방법을 고수하고 있습니다. 그러다가 자신의 노력이 소용이 없다는 사실을 깨닫게 되면 그때 비로소 하나님을 부르고 하나님의 방법에 자신을 맡기게 됩니다.

믿음은 하나님의 방법을 신뢰하는 것입니다. 하나님을 신뢰하는 순간 당신은 구원의 감격을 맛보게 될 것입니다.

> 너희가 그 은혜를 인하여 믿음으로 말미암아 구원을 얻었나니 이것이 너희에게서 난 것이 아니요 하나님의 선물이라 행위에서 난 것이 아니니 이는 누구든지 자랑치 못하게 함이니라
>
> (에베소서 2:8-9)

13
다윈이 보낸 거액의 헌금

1833년 진화론을 주장한 영국의 다윈이 자기의 이론을 증명하기 위해 인간과 원숭이의 중간상태를 찾아 나섰습니다.

남양군도를 찾아간 다윈은 대단히 미개한 식인종의 무리를 발견하고는 그들이 짐승에 가까운 원시적인 생활을 하는 것을 보고 이들이 자기의 진화론의 이론을 뒷받침한다고 믿게 되었습니다.

34년이 지나간 후 다윈은 다시 남양군도를 방문하여 깜짝 놀라지 않을 수 없었습니다.

섬에는 여러 곳에 교회와 학교가 들어섰고, 짐승 같던 식인종들이 이제는 옷을 입고 다니며 모여서 함께 찬송가를 부르는 모습을 볼 수 있었습니다.

　다윈에게는 너무나 기가 막힌 일이요, 믿어지지 않는 일이었습니다. 그 이유를 알아보니, 패톤이라는 선교사가 하나님의 복음을 전하며 그 섬에서 일을 했던 것이었습니다.

　너무나 큰 감명을 받은 다윈은 패톤 선교사를 보낸 영국의 런던 선교회에 거액의 헌금을 보냈다고 합니다.

　이와 같이 복음의 능력은 무한하고 놀라운 것이 아닐 수 없습니다. 복음을 통해 하나님의 능력을 체험하게 됩니다. 복음은 예수님이 우리의 죄를 위해 십자가에 죽으시고 다시 살아나셨다는 사실을 믿는 것입니다.

　이 세상의 모든 제품에는 만든 사람이 있듯이, 사람은 하나님이 창조하셨고, 전능하신 하나님은 인간의 문제를 해결할 수 있는 유일한 분입니다. 믿음을 통해 하나님의 능력을 체험하며 살고 싶지 않습니까?

나는 여호와요 모든 육체의 하나님이라 내게 능치 못한 일이 있겠느냐

(예레미야 32:27)

14

당신의 부족함을 채우라

　이탈리아 화가 티치아노(1477-1576)는 예술적인 재능을 가진 한 젊은 군인에게 그의 재능을 그림에 바칠 것을 종용하였습니다. 젊은이는 티치아노의 말처럼 그림을 그리는데 모든 시간을 바쳤지만 그는 그의 재능의 한계점을 느끼게 되어 절망 가운데 붓을 집어던지고 말았습니다.

　티치아노는 절망 중에 울고 있는 그를 발견하였고, 청년이 그린 그림을 보고는 놀라지 않을 수가 없었습니다. 그가 그리던 그림은 대단한 경지에 이른 사람만이 그릴 수 있는 것으로 그가 한계에 도달했음을 알았습니다.

　티치아노는 붓을 집어 들고 미완성의 그림을 심혈을 기울여 완성시켰습니다.

다음날, 그 젊은이는 이제 더 이상 미술을 하지 않겠다고 티치아노에게 말하려고 찾아 왔다가 화실 입구에 완성된 자기의 그림이 걸려 있는 것을 보았습니다. 그가 실패한 그림을 티치아노가 완성시켰음을 알았습니다. 그는 감사의 눈물을 흘리며 고백했습니다.

"나는 미술을 포기할 수 없습니다. 선생님의 도움 때문에라도 그림을 계속하겠습니다. 나를 위해 많은 것을 해 주셨기에 내 자신을 잊어버리고 최선을 다해 노력하겠습니다."

오늘날 그의 그림은 세계의 화랑에 티치아노의 그림과 함께 나란히 걸려 있다고 합니다.

하나님은 우리의 부족을 아십니다. 우리가 초라해 보이고 능력이 없어 고민할 때 주님은 우리의 부족과 결핍을 채워주십니다. 자신의 한계를 빨리 깨닫는 자가 주님의 도움을 받을 수 있습니다. 하나님이 보실 때 인생의 부족함은 아무 것도 아니기 때문입니다.

젊은 사자는 궁핍하여 주릴지라도 여호와를 찾는 자는 모든 좋은 것에 부족함이 없으리로다

(시편 34:10)

15

도스토예프스키의 고백

러시아 대문호 도스토예프스키의 고백입니다.

"옛 슬픔이 점차 조용하고 부드러운 기쁨으로 변한다는 것은 인생의 커다란 신비다. 노년의 온화한 평온이 청년의 끓는 피를 대신한다. 나는 매일 아침 떠오르는 태양을 찬미한다. 옛날처럼 나는 노래로 아침 해를 맞이한다. 그러나 지금은 일몰을 더욱 사랑한다. 지는 해의 길게 드리운 빛, 부드럽고 다정한 추억들을 사랑한다. 그것과 더불어 길고 행복했던 인생의 값진 영상들, 특히 위로해 주고 화해시켜 주시는 하나님의 진리를 생각하게 된다. 지금 내 인생은 끝나고 있으며, 나도 이 사실을 잘 알고 있다. 그러나 내게 남은 하루하루를 살면서 나의 이 세상의 생이 새롭게 다가오는 미지의 세계와 접촉하고 있음을 느낀다. 이 새로운 세계의 다가옴이 내 영혼을 평안케 해주며, 내 마음을 흥분시키며, 내 가슴을 기쁨으로 눈물짓게 한다."

지나간 삶을 사랑할 수 있고 다가오는 세계에 대한 확신을 가지고 살 수 있다면 그 사람의 삶은 성공했다고 보아도 좋을 것입니다.

이 세상에서의 시간들은 세 얻어 사는 것에 불과합니다. 어느 날 집 주인이 전세 기간이 끝났음을 알려 주실 것입니다. 그 때에 당신은 어떻게 하겠습니까?

"이 세상에서의 신실한 기독교인의 삶은 내세를 위한 가장 확실한 준비이다." 트리욘 에드워드의 말입니다.

나의 달려갈 길과 주 예수께 받은 사명 곧 하나님의 은혜의 복음 증거하는 일을 마치려 함에는 나의 생명을 조금도 귀한 것으로 여기지 아니하노라

(사도행전 20:24)

16

두 광부의 대화

처음으로 광부가 된 사람이 오래된 선배 광부에게 질문을 합니다. "이 탄광을 나가려면 어떻게 합니까?" 그러자 오래된 광부가 "그거야 승강기를 타고 올라가면 되지요." "위에 까지 올라가는 데는 얼마나 걸립니까?" "한 5분밖에 안 걸립니다." "그럼 나는 애쓸 필요가 없군요." "맞습니다. 당신은 그냥 타고 있으면 됩니다." "그러나 처음에 이 탄광을 파고 이만한 장치를 한 사람은 힘도 들고 돈도 많이 들었겠네요." "그거야 그렇지요. 우리는 지금 지하 700m 아래에 있지요." "주인은 이런 승강기를 설치하기 위해 많은 돈을 투자했겠군요." "네, 옳은 말씀입니다."

인생의 구원도 이와 같습니다. 하나님은 인생을 구원하기 위해 엄청난 대가를 지불했고 우리는 단지 예수님을 믿기만 하면 구원을 얻습니다.

사람들은 믿음의 가치를 우습게 여깁니다. 그러나 멸망과 사망의 굴에서 인생을 구원해 내기 위해 하나님은 독생자 예수님을 우리 대신 죄 값을 받게 하시는 희생양으로 삼으신 것입니다.

광부는 자신의 힘으로 그 굴을 빠져 나올 수 없습니다. 오직 주인이 만든 승강기에 타야만 합니다. 사랑하는 여러분, 하나님은 인생의 주인입니다. 지금 승강기 버턴을 누르십시오. 그러면 당신도 하나님이 준비한 승강기를 탈 수 있습니다.

하나님이 세상을 이처럼 사랑하사 독생자를 주셨으니 이는 저를 믿는 자마다 멸망치 않고 영생을 얻게 하려 하심이니라

(요한복음 3:16)

17

만족

욕심 많은 사람이 돈만 있으면 행복할 거라고 생각하고 돈을 많이 벌었습니다.

돈을 벌고 나니 으리으리한 집을 한 채 사고 싶어 그가 가진 돈으로 좋은 집을 한 채 샀습니다. 그는 많은 양의 땅도 가지고 싶어 모아둔 돈으로 많은 양의 땅을 샀습니다. 그리고 승용차도 샀습니다. 그러나 그에게는 만족이 없었습니다.

그는 계속해서 가지고 싶은 것만이 그의 머리를 꽉 채우고 있었습니다. 욕심이란 아무리 채워도 끝이 보이지 않습니다.

믿음을 통해 얻는 행복 중에 하나가 만족함입니다. 세상의 것은 아무리 채워도 밑 빠진 독에 물 붓는 것과 같습니다. 그러나 믿음은 아무 것도 없어도 언제나 만족합니다. 바로 공급자이신 주님이 곁에 계시기 때문입니다.

믿음은 살아계신 주님으로부터 매일 공급받으며 사는 것을 체험하는 것입니다. 인생을 지으신 하나님이 주시는 것이기에 만족할 수밖에 없는 것입니다.

> 나의 하나님이 그리스도 예수 안에서 영광 가운데 그 풍성한 대로 너희 모든 쓸 것을 채우시리라
>
> (빌립보서 4:19)

18

모래성

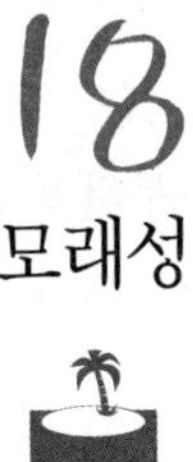

해롤드 휘시노라는 유대 랍비가 쓴 "우리가 모든 것을 가져도 만족하지 못한다"는 책에는 이런 이야기가 나옵니다.

어린아이들이 바닷가에서 재미있게 놀고 있습니다. 아이들은 모래성을 쌓으면서 즐겁게 놉니다. 그들이 만든 모래성은 여러 가지 모양과 형태를 하고 있었고, 다 만든 어린이들은 자신들이 만든 작품을 보며 대견스러워 합니다. 그런데 잠시 후 파도가 밀려와 모래성을 쓸어가 버립니다. 아이들은 그 모습을 보며 안타까워 울 것이라고 생각했는데 오히려 깔깔대며 웃고 있었습니다. 무너진 모래성을 보며 다시 새로운 모래성을 짓고, 그 모래성은 계속해서 파도에 쓸려가고 말았습니다. 결국 아이들이 지은 것이라곤 아무것도 없었습니다. 아이들은 예전보다 더욱 친근하게 놀고 있었습니다.

인생의 노력도 이와 같습니다. 결국 남는 것은 하나님과의 관계입니다. 이 세상에 살면서 아무리 큰 바벨탑을 쌓아도 그것은 결국 무너질 수밖에 없습니다. 결국 이 세상에서는 하나님과의 관계만이 남을 뿐입니다. 아직도 하나님과 관계를 맺지 못하고 있습니까? 예수님을 믿으십시오. 그러면 하나님의 자녀로서의 특권을 누리며 살 수 있습니다.

영접하는 자 곧 그 이름을 믿는 자들에게는 하나님의 자녀가 되는 권세를 주셨으니

(요한복음 1:12)

19

무슨 힘으로 삽니까?

나폴레옹 군대가 유럽을 휩쓸고 다닐 때의 일입니다.

혼자 사는 어떤 부인은 자녀들에게 다가올 위험에 대해 두려워할 수밖에 없었습니다. 병사들의 무자비함을 누구보다 잘 알고 있었기 때문입니다.

군대가 가까이 온 그날 밤 다함께 가정 예배를 드리며 부인은 이렇게 기도하였습니다.

"오! 하나님 우리 집 주위에 성벽을 쌓아 주옵소서!"

자녀들은 그 기도의 의미를 잘 몰랐습니다. 그러나 그 다음날 아침에 그 뜻을 알았습니다. 밤새도록 눈보라가 쳐서 집 주위를 전부 눈으로 뒤덮어 버렸기 때문에 군대는 집이 있는 것을 모른 채 지나가 버린 것입니다.

사람이 살다보면 어떤 방법과 수단으로도 해결할 수 없는 위기를 당하는 경우가 있습니다. 일반적으로 생각하는 방법은 돈이나 세상의 힘으로 해결하려고 하지만, 알고 보면 그 힘은 한계를 가지고 있습니다. 그런 경우 믿음의 기도는 불가능한 어떤 문제도 해결할 수 있습니다.

기도는 현재와 미래에 대한 가장 안전한 해결책입니다. 그리고 과거의 상처까지 치료받을 수 있는 유일한 방법입니다. 예수님을 믿는 자는 누구든지 기도의 혜택을 받을 수 있습니다. 기도의 응답자인 하나님은 불가능이 없으신 분이기 때문입니다.

여호와는 또 압제를 당하는 자의 산성이시오 환난 때의 산성이시로다
(시편 9:9)
환난 날에 나를 부르라 내가 너를 건지리니 네가 나를 영화롭게 하리로다
(시편 50:15)

20

미움의 덫

미국의 극작가 테네시 윌리암스가 쓴 "올훼"라는 작품이 있습니다.

레이디라는 여자 주인공의 아버지는 양조장과 큰 과수원을 경영해서 많은 돈을 벌었습니다. 거대한 저택에서 많은 하인들을 거느리며 살아가던 어느 날 한 젊은이가 과수원에 불을 질러 레이디의 아버지는 불에 타 죽고 맙니다.

세월이 흘러 레이디는 한 청년을 만나 결혼을 했습니다. 화목한 가정을 이루고 살다가 남편 제이브가 과수원에 불을 지르고 아버지를 죽인 살해범이란 것을 나중에 알게 되었습니다. 그때부터 남편에 대한 적개심과 보복심이 생겨 제이브를 고통스럽게 죽일 수 있는 방법을 찾던 중 제이브가 불치의 병에 걸려서 앓아눕게 됩니다.

아내는 남편이 고통을 당하며 그대로 죽어가기를 기다립니다. 미움의 뿌리는 모든 삶을 파괴시켰습니다. 이런 아내의 모습을 보며 남편은 권총으로 아내를 죽인 후, 자살하는 것으로 대단원의 막을 내리게 됩니다.

미움은 기쁨을 빼앗아갑니다. 더욱이 한 단계 높은 인간관계를 기대할 수 없을 뿐 아니라 자신의 영적인 성숙을 가로막는 최고의 걸림돌입니다.

미움은 상대방이 해결해 줄 수 없습니다. 어떤 경우든 나 자신이 해결하지 못한다면 미움의 덫에서 빠져 나올 수 없습니다.

나는 너희에게 이르노니 너희 원수를 사랑하며 너희를 핍박하는 자를 위하여 기도하라

(마태복음 5:44)

21

미인의 마음

서울 덕수궁 앞에서 많은 사람들이 버스를 기다리며 서성거리고 있었습니다. 그 중에는 날씬한 양장을 한 매끈한 여자가 차를 기다리고 있었습니다. 많은 사람들의 시선을 받을 만큼 후리후리한 키에 어느 모로 보아도 흠잡을 데 없는 미인이었습니다.

버스가 정류장에 도착하자 앞서가던 신사가 뒤따라오던 이 젊은 여자에게 먼저 타라고 자리를 양보하였습니다. 그러나 이 여자는 고맙다는 말 한마디 없이 차 앞에서 돈을 꺼낸다고 시간을 많이 지체하였습니다. 차를 타기 전에 미리 준비해야 함에도 이 여자는 그제야 지갑을 뒤적이기 시작한 것입니다. 자리를 비켜준 신사와 그 뒤에 줄서있는 사람들의 얼굴빛이 달라지기 시작하였습니다. 투덜거리는 소리를 들은 이 아름다운 여자는 차에 올라타서 투덜거리기 시작하였습니다. 이 모습을 본 사람들은 모두 혀를 차며 생긴 것이 아깝다는 표정을 지었습니다.

아름다움은 마음입니다. 마음 없는 껍데기에 불과한 아름다움은 오히려 사람에게 불쾌감과 아픔을 줄 뿐입니다. 겉모양 만의 아름다움을 성경은 외식이라고 말합니다. 하나님은 이런 자를 가장 싫어하십니다. 하나님을 진정으로 두려워(경외)하는 자는 사람은 속여도 하나님을 속일 수 없다는 사실을 잘 알고 살아갑니다. 그러므로 하나님을 인정하고 하나님을 두려워한다면 진정한 미인의 마음을 소유하고 살 수 있으며, 그런 사람과는 마음을 마주 대하며 살아갈 수 있습니다.

무릇 지킬만한 것 보다 더욱 네 마음을 지키라 생명의 근원이 이에서 남이니라

(잠언 4:23)

물에 비취이면 얼굴이 서로 같은 것 같은 사람의 마음도 서로 비취느니라

(잠언 27:19)

항상 경외하는 자는 복되거니와 마음을 강퍅하게 하는 자는 재앙에 빠지리라

(잠언 28:14)

22

박정희와 교회

박정희 대통령은 1966년 추석 때 선산에 성묘한 뒤 상모교회를 둘러보고는 "나도 이 교회에 자주 다녔는데…"라고 말했다고 합니다. 이 교회는 한국 전쟁으로 상당히 파손되어 있었는데 예배당 건물을 둘러본 후 "건물이 많이 상했네."라고 말하며 이듬해 1백만 원의 증축 지원금을 보내 주었다고 합니다.

1901년 3월 13일 선교사 언더우드의 제자에 의해 설립된 상모교회는 박정희 생가의 2백 미터 남쪽에 위치해 있는데 소년 박정희는 6년 동안 이 교회를 다녔다고 합니다.

박정희와 동갑내기인 한성도 장로(82세)는 이렇게 회고하였다고 합니다.

"구미보통학교를 다니기 시작하면서 교회에 나가기 시작했습니다. 주일이면 오전 9시부터 10시까지 주일학교에 열심이었습니다."

박정희가 주일학교에 다닐 때 어린이가 약 20여명이었다고 합니다. 꼬박꼬박 잘 다니던 박정희는 대구 사범에 진학하면서 나오지 않았다고 합니다.

교회는 단지 외로움을 달래기 위해 친구들을 사귀기 위한 목적이나 교양 강좌를 듣는 정도의 생각으로 다니는 곳이 아닙니다. 살아계신 예수님을 구주로 믿고 그 분께 인생을 맡기는 것입니다. 그리고 살아계신 하나님이 자신을 향해 일하시는 사랑을 체험하며 보장된 인생을 살아가는 것입니다. 그러면 육체적인 죽음 이후에 준비된 처소를 확신하며 자신 있게 이 세상을 살게 됩니다. 그러나 진정한 진리를 깨닫지 못하면 교회를 여가나 선용하는 사람들이 모이는 사회단체 정도로 가볍게 여긴다는 것입니다.

너희는 마음에 근심하지 말라 하나님을 믿으니 또 나를 믿으라 내 아버지 집에 거할 곳이 많도다 그렇지 않으면 너희에게 일렀으리라 내가 너희를 위하여 처소를 예비하러 가노니 가서 너희를 위하여 처소를 예비하면 내가 다시 와서 너희를 내게로 영접하여 나 있는 곳에 너희도 있게 하리라

(요한복음 14:1-3)

23

별난 결혼식

별난 결혼식이 열리고 있었습니다. 1998년 1월 22일 부산의 어느 결혼식장에서는 안경을 쓴 70세의 김정숙 할머니가 하얀 면사포를 쓰고 두 손에는 지난 83년 세상을 떠난 남편 장덕선씨의 사진을 들고 결혼식장에 들어선 것입니다.

결혼식을 올리지 못한 것이 한이 되어 시민단체의 도움으로 결혼식을 올린 것입니다. 결혼식 후 할머니는 "저 세상에 있는 남편도 기뻐할 것입니다"라고 말하며 말끝을 흐렸다고 합니다.

1998년 1월 29일에는 빛 독촉에 시달린 53세의 한 남자가 부산 태종대의 절벽 아래에 떨어져 목숨을 끊었습니다. 그는 6억 원의 빚을 갚을 수 없어서 죽음을 선택한 것입니다. 같은 날 70세 할머니가 설이 되어도 집을 찾지 않는 아들 때문에 자신의 처지를 비관하여 전봇대에 목을 매어 스스로 목숨을 끊었습니다. 죽음 이후에 대한 확신이 없을 때 잘못된 방법으로 죽음을 준비할 뿐 아니라 삶을 스스로 포기하는 어리석음을 범하게 됩니다.

육체적인 죽음 후에는 하나님이 준비하신 처소가 준비되어 있습니다. 하나님이 준비하신 내세는 천국과 지옥으로 나누워 집니다.

사람들은 예외 없이 지옥을 거부하고 천국에 대한 기대감을 가지고 삽니다. 예수님에 대한 믿음이 천국과 지옥을 갈라놓는다는 이 쉬운 진리가 사람의 영원을 갈라놓습니다. 내세는 언제나 염두에 두고 살아야 할 인생의 가장 중요한 문제입니다.

> 하나님의 나라는 먹는 것과 마시는 것이 아니요 오직 성령 안에서 의와 평강과 희락이라
>
> (로마서 14:17)

24

비극의 왕

백제의 의자왕이 나당 연합군에게 패하여 꽁꽁 묶여 당나라로 떠날 때 58명의 신하들도 함께 당나라 서울인 낙양으로 압송되었습니다.

당나라 황제였던 고종은 측천문에서 굴복의 예를 갖춘 의자왕의 결박을 풀어 주었다고 합니다. 풀려난 의자왕은 굴욕과 수치심에 잠을 이루지 못하고 병을 얻어 세상을 떠나게 됩니다.

당나라에서는 그의 시신을 오나라 손권의 손자로 16년간 오나라를 통치한 손호와 진나라 왕이었던 진속보의 무덤 옆에 장사지내 주었다고 합니다.

그런데 이 두 사람은 주색에 빠져 나라를 망친 왕이었다고 합니다. 의자왕도 말년에 사치와 방종, 그리고 주색에 빠진 왕이었기에 이들의 무덤 곁에 장사지내 준 것으로 볼 수 있습니다.

의자왕은 처음에는 효성과 형제간의 우애로 해동증자라고 불렸으며, 국토를 확장한 명군으로 불렸으나 끝까지 최선을 다하지 못하므로 비극의 왕이 되고 말았습니다.

시작도 중요하지만 마지막은 더욱 중요합니다. 도착지를 앞두고 마음을 더욱 강하게 하지 않으면 안 됩니다. 마지막의 잘못은 지금까지 모든 것이 허사가 될 수 있기 때문입니다. 주어진 하루하루를 처음처럼 맞이한다면 아름다운 결말을 맛볼 수 있을 것입니다.

너희에게 인내가 필요함은 너희가 하나님의 뜻을 행한 후에 약속을 받기 위함이라

(히브리서 10:36)

25

사람의 가치

사람은 육체와 영혼으로 만들어졌습니다. 육체를 성분별로 나누면 2.25kg의 칼슘, 500g의 인산, 252g의 칼륨, 168g의 나트륨, 28g의 마그네슘, 그리고 28g의 철과 구리로 이루어졌다고 합니다. 그리고 체중의 65%가 산소, 18%가 탄소, 10%가 수소, 3%가 질소로 되어 있다고 합니다. 이것을 돈으로 환산한다면 만원의 가치도 안 된다고 합니다.

사람의 가치는 눈에 보이는 것에 의해 결정되지 않습니다. 눈에 보이지 않는 영혼에 의해 그 가치가 결정됩니다. 그리고 영혼을 통해 하나님을 만나게 됩니다.

하나님은 언제든지 당신을 기다리고 계십니다. 당신이 추구하고 있는 가치가 눈에 보이는 육적인 것이라면 그 가치는 보잘 것 없는 것입니다. 그러나 영혼의 중요성을 발견한다면 당신은 인간다운 삶을 살 수가 있습니다.

> 몸은 죽여도 영혼은 능히 죽이지 못하는 자들을 두려워하지 말고 오직 몸과 영혼을 능히 지옥에 멸하시는 자를 두려워하라
>
> (마태복음 10:28)
>
> 믿음의 결국 곧 영혼의 구원을 받음이라
>
> (베드로전서 1:9)

26

사랑의 고통

태평양 연안에 천축잉어라는 바닷고기가 있는데 암컷이 알을 낳으면 수컷이 그 알을 입에 담아 부화를 시킨다고 합니다.

입에 알을 담고 있는 동안 수컷은 아무것도 먹지 않고 알을 입에 품고 있는데 그 기간이 수컷에게는 참으로 큰 고통의 기간이라고 합니다.

결국 수놈은 쇠약해져서 아무 일도 할 수 없게 되어 마침내 죽어 가는데, 기력이 다하기 직전에 입속의 알들은 부화되어 어미를 따라 가버린다고 합니다. 아비의 사랑과 희생을 통해 새로운 생명을 탄생시킨 것입니다.

참된 사랑은 고통이 뒤따릅니다. 하나님과 인간의 관계도 사랑의 관계로 이루어졌습니다. 하나님은 인간을 사랑하시기 위해 엄청난 대가를 치루셨습니다. 외아들을 십자가에 못박으시면서까지 우리를 사랑하셨습니다.

사랑을 받을 수 있는 기회를 놓치고 사는 사람은 어리석은 사람입니다. 인간의 생사화복을 주관하시는 하나님의 사랑을 거부하며 등을 돌리고 사는 것이야말로 땅을 치며 후회할 수밖에 없는 가장 바보스런 행동일 것입니다.

하나님이 세상을 이처럼 사랑하사 독생자를 주셨으니 이는 저를 믿는 자마다 멸망치 않고 영생을 얻게 하려 하심이니라

(요한복음 3:16)

27

성격차이

요즘 이혼하는 이유를 크게 세 가지로 분류하면 첫째 폭력, 둘째 성격차이, 셋째 외도라고 합니다.

폭력은 자신에게 힘이 있다는 것과 그 힘을 가지고 상대방에게 영향력을 행사하는 것입니다. 진정한 힘은 짓밟고 제압하기 위한 수단이 아니라 보호하는데 사용해야 합니다.

결혼은 서로의 약점을 보호하여 하나 된 강한 힘을 형성하기 위함이지 한 쪽이 제왕처럼 군림하기 위함이 아닙니다. 만약 그런 원리가 지배한다면 힘없는 갈비씨와 결혼하는 것이 상책일 것입니다.

성격에 대해서는 일찍이 헤라클리터스가 "사람의 운명을 결정하는 것이다."라고 할 만큼 중요한 것임에 틀림이 없습니다. 성격 차이란 누구에게나 있을 수 있습니다.

사람들 중에는 성격의 연약함 때문에 괴로움을 받기도 하고 천성적으로 지나치게 과민한 성격으로 괴로움을 자초하는 경우도 있습니다. 까다로운 성격 때문에 매일 싸움의 연속을 피해 차라리 이혼이라는 파국을 맞이하는 경우도 많다고 합니다. 그러나 까다로운 성격 때문에 불평하고 싸우기보다는 믿음을 통해 극복하기를 원해야 합니다. 내면적인 불균형과 상처인 성격의 문제 역시 주님은 해결해 주실 수 있는 분이기 때문입니다.

성격도 치료의 대상입니다. 지금부터 성격 문제를 주님께 맡기십시오. 그러면 치료의 주님이 치료를 시작하실 것입니다.

> 이와 같이 남편들도 자기 아내 사랑하기를 제 몸같이 할지니 자기 아내를 사랑하는 자는 자기를 사랑하는 것이라
>
> (에베소서 5:28)
>
> 아내들아 남편에게 복종하라 이는 주 안에서 마땅하니라 남편들아 아내를 사랑하며 괴롭게 하지 말라
>
> (골로새서 3:18-19)

28

세 사람의 모습

어떤 청년이 바다에 빠져서 허우적거리고 있었습니다. 그가 물 속에서 허우적거리며 신음하고 있을 때 한 사람이 다가와서 내려다보며 말했습니다. "전생의 업이니 체념하게." 그는 석가였습니다.

얼마 후 또 다른 사람이 그에게 다가와 연민의 정이 담긴 눈으로 내려다보며 말했습니다. "내가 이곳으로 오지 말라고 그렇게 당부했는데 왜 이 곳으로 왔는가?" 라고 말하고는 자기의 길로 가버렸습니다. 그는 공자였습니다.

구원받기를 단념한 채 물속으로 빠져가면서 저편에서 다가오는 한사람에게 살려 달라고 마지막 힘을 다해 외쳤습니다. 그 사람은 즉시 물속으로 뛰어들었습니다. 그는 힘을 다해 청년을 구해 주었으나 그가 대신 물속에서 죽고 말았습니다. 그는 예수였습니다.

예수님은 사람을 죄와 불행으로부터 구출하기 위해 오셨습니다. 문제는 오늘날 많은 사람들이 자신에게 구원이 필요하다는 사실을 결정적인 계기가 오기까지는 인정하지 않으려는데 있습니다.

구원은 오직 하나님께로부터 옵니다. 하나님이 보내신 구원자이신 예수님의 손을 외면하면 인간의 수준인 절망의 한계를 벗어나지 못하고 주어진 시간을 허비하고 말 것입니다.

> 예수께서 가라사대 내가 곧 길이요 진리요 생명이니 나로 말미암지 않고는 아버지께로 올 자가 없느니라
>
> (요한복음 14:6)

29

세상에서의 큰 폐단

한성생명에서 부산지역 직장인 436명을 대상으로 실시한 의식 조사 통계 결과를 보면 67.9%인 296명이 돈이면 뭐든지 할 수 있다고 생각하였으며 50.7%인 221명이 돈이 많으면 지위도 높아진다고 생각하고 있었다고 합니다.

황금만능주의가 팽배한 시대에 살고 있기에 그 피해가 여러 곳에서 나타나고 있습니다. 가장 중요한 것은 인간성의 상실입니다. 돈 때문에 가정이 깨어지고 더 나아가 사회가 파괴되고 있기 때문입니다. 그리고 계층 간의 위화감이 조성되어 수단과 방법을 가리지 않고 돈을 벌어야 되겠다고 생각하는 것입니다. 그러나 막상 돈을 가진 자는 돈에 대한 만족보다는 돈 때문에 불안감 속에서 사는 경우가 더 많습니다. 가진 돈을 지키고 더 많이 벌기 위해 긴장을 풀어서는 안 되기 때문입니다.

돈이 인생의 행복을 가져다 줄 수는 없습니다. 돈은 육체적인 만족을 가져다 줄 수는 있지만 인간성과 영혼을 철저하게 파괴시킬 수 있다는 사실에 대해 많은 사람들이 무감각합니다.

쇼펜하우어는 "돈은 바닷물과 같다 그것은 마시면 마실수록 목이 말라진다"고 말했습니다. 우리나라 경제를 쥐고 있는 50대 그룹 총수들 70%가 종교를 가지고 있다고 합니다. 사람에게 가장 중요한 대상은 돈이 아니라 하나님입니다. 돈에 대한 애착심 보다는 자신의 영혼에 대한 애착심이 더욱 필요한 때입니다.

내가 해 아래서 큰 폐단 되는 것을 보았나니 곧 소유주가 재물을 자기에게 해 되도록 지키는 것이라

(전도서 5:13)

30

쉬운 진리

어떤 회사에서 물만 부으면 되는 케이크용 가루를 시판하기 시작했습니다. 회사 측에서는 그 제품에 상당한 기대를 걸고 있었으나 기대 이하로 그 제품의 인기도는 너무나 저조했습니다. 이에 고심을 하기 시작한 회사 측은 수많은 여론조사 끝에 드디어 그 원인을 알아냈습니다. 그것은 케이크를 만드는 방법이 너무 쉽다는 것이었습니다.

회사 측에서는 부랴부랴 제품의 내용물을 바꾸어 물과 계란을 넣으면 되는 케이크용 가루를 만들어 내놓았습니다. 그러자 그 제품이 불티나게 팔리기 시작했다고 합니다.

쉽다는 것 때문에 평가를 절하해서는 안 됩니다. 오늘날 많은 사람들이 교회 나가기가 쉽다는 것 때문에 교회의 가치를 절하하는 경우가 많습니다. 구원의 문제도 마찬가지입니다. 예수님을 믿기만 하면 구원을 얻을 수 있습니다. 그러나 많은 사람들은 너무 쉽다는 것 때문에 선행을 곁들여야만 구원을 얻을 수 있을 것이라고 생각합니다.

하나님이 인간에게 제시하신 구원의 법칙은 쉽고 단순하지만 그 가치는 인생에게 영원한 행복을 안겨 줍니다. 왜냐하면 하나님이 인간에게 주시는 것이기 때문입니다. 인간의 불안전한 행위로 구원받는 것이 아니라 하나님이 제시하신 쉬운 방법에 의해서 하나님이 주시는 행복과 천국을 소유하게 되는 것입니다(에베소서 2:8-9).

> 사람이 의롭게 되는 것은 율법의 행위에서 난 것이 아니요 오직 예수 그리스도를 믿음으로 말미암는 줄 아는고로 우리도 그리스도 예수를 믿나니 이는 우리가 율법의 행위에서 아니고 그리스도를 믿음으로서 의롭다 함을 얻으려 함이라 율법의 행위로서는 의롭다 함을 얻을 육체가 없느니라
>
> (갈라디아서 2:16)

31

승자의 지혜

유럽의 전쟁사를 살펴보면 1450년부터 1945년까지(495년간) 297번의 전쟁이 있었습니다. 거의 1년 반에 한 번은 전쟁을 치른 셈입니다. 사상자도 114,709,500명이나 된다고 합니다.

이 세상의 역사는 전쟁의 역사라고 말해도 좋을 것입니다. 약한 자는 강한 자에게 짓밟혀 고통과 모욕을 당하며 살게 됩니다. 사람들은 돈과 지식과 명예를 가지고 강해지기를 원합니다. 국가는 군비증강을 통해서 강한 나라가 되려고 합니다. 그러나 진정으로 강한 자는 이 세상의 힘만을 신뢰하는 자가 아닙니다. 왜냐하면 이 세상의 힘이 인생의 전부라고 말할 수 없기 때문입니다.

인생에서 중요한 싸움은 눈에 보이지 않는 영적인 전쟁입니다.

성경 에베소서 6장 12절은 이렇게 말씀합니다. "우리의 씨름은 혈과 육에 대한 것이 아니요 정사와 권세와 이 어두움의 세상 주관자들과 하늘에 있는 악의 영들에게 대함이라"

악한 영들과의 싸움에 대비해야 합니다. 악한 영들은 세상의 힘을 이용하여 사람을 어리석게 만듭니다.

이 세상에서의 삶이 인생의 전부라면 이 세상의 것만 준비하면 되지만 인생은 영적인 존재이기에 영원한 세계를 준비하며 살아야 합니다. 하나님의 말씀인 성경을 통해 진정한 승자의 지혜를 소유할 수 있습니다.

구원의 투구와 성령의 검 곧 하나님의 말씀을 가지라

(에베소서 6:17)

32

시르손과 다리오왕

페르샤 군대의 한 군인이 이집트 원정 중에 사모쓰 섬에서 망명한 시르손이라는 사람이 입고 있는 붉은 비단옷에 반하여 그 옷을 사고자 했습니다. 그때 시르손은 "나는 이 옷을 팔 생각은 없고 그대가 굳이 원한다면 선물로 주겠다." 며 쾌히 벗어 주었습니다. 이 군인은 몇 번이고 머리를 조아려 감사를 표현했습니다.

이 군인이 후에 페르샤의 왕이 된 다리오였습니다. 다리오가 왕이 되었다는 소식을 듣고 시르손이 찾아 갔을 때 다리오는 반갑게 맞아주며 황금으로 옛날의 은혜를 갚고자 하였습니다. 그러나 시르손은 정중하게 거절하며 "왕이여 소신이 원하는 것은 잃어버린 조국을 찾는 것입니다. 소신의 형인 포리크라치스가 살르지스의 태수인 오레치스에게 목숨을 잃은 후 사모쓰 섬은 다른 사람들의 손에 들어갔으니 저의 조국을 피 흘림 없이 왕의 권위로 소신에게 돌려주소서."

다리오왕은 즉시 그의 말대로 사모쓰 섬을 시르손에게 넘겨주었습니다. 시르손은 옷 한 벌 값으로 한 나라를 얻는 엄청난 행운을 안게 되었습니다. 시르손이 뿌린 씨가 비록 보잘 것 없이 보였지만 그 열매는 엄청난 것으로 돌아갔습니다.

사람에게는 한 순간이라도 놓칠 수 없는 기회입니다. 올 한해 얼마나 많은 씨를 뿌렸고, 어떤 열매를 수확하였습니까? 오늘부터라도 최선의 씨를 뿌립시다. 그러면 생각할 수 없었던 열매를 얻게 될 것입니다.

> 손님 대접하기를 잊지 말라 이로써 부지중에 천사들을 대접한 이들이 있었느니라
>
> (히브리서 13:2)

33

어떤 여자의 발작

헨리 뉴웬이 쓴 책 가운데 "마음의 문을 열고"란 책에 이런 내용이 실려 있습니다.

정신과 의사에게 한 부인이 찾아왔습니다. 그런데 그녀는 들어오자마자 발작을 하면서 기물을 파괴하고 혈기를 부렸습니다.

간호사를 불러 겨우 진정을 시킨 후에 진료를 시작하려던 의사는 환자가 오른손 주먹을 꽉 쥐고 있는 것을 발견하고는 그 손을 펴려고 아무리 애를 써도 펼 수가 없어서 간호사의 도움으로 손가락을 하나 둘 펴기 시작했습니다. 마지막으로 새끼손가락을 펴니까 딸그랑 하고 바닥으로 떨어지는 것이 있었습니다. 그것은 퍼렇게 녹슨 1센트짜리 동전이었습니다. 이 여자는 자기 존재와 1

센트짜리 동전을 동일시했던 것입니다. 동전을 잃어버리면 자기 존재가 전부 없어져 버린다고 생각했기 때문에 누가 와서 동전을 빼앗아가지 않을까? 이걸 빼앗기면 어떻게 해야 할까? 하는 두려움과 공포 속에서 매일을 시달렸다고 합니다. 그러면서 이 여자는 있는 힘을 다해 동전을 움켜쥐고 살았던 것입니다.

어떻게 보면 사람들이 움켜쥐고 사는 것들 대부분 진정한 가치가 없는 것인지도 모릅니다. 세상 사람들이 부러워한 모든 가치를 한 손에 가졌던 솔로몬은 "헛되고 헛되며 헛되고 헛되니 모든 것이 헛되도다 사람이 해 아래서 수고하는 모든 수고가 자기에게 무엇이 유익한고"(전도서 1:3-4)라고 고백하였으며, 삶의 허무 속에서 그가 깨달은 것을 전도서 12장 13절로 결론을 맺고 있습니다. "일의 결국을 다 들었으니 하나님을 경외하고 그 명령을 지킬지어다 이것이 사람의 본분이니라." 당신이 집착하고 있는 일은 어떤 일입니까?

> 너희를 위하여 보물을 땅에 쌓아 두지 말라 거기는 좀과 동록이 해하며 동록이 구멍을 뚫고 도적질하느니라 오직 너희를 위하여 보물을 하늘에 쌓아 두라 거기는 좀이나 동록이 해하지 못하며 도적이 구멍을 뚫지도 못하고 도적질도 못 하느니라 네 보물 있는 그 곳에는 네 마음도 있느니라
>
> (마태복음 6:19-21)

34

연어 사랑

연어는 강에서 태어나 북태평양 넓은 바다로 나가 3년 내지 6년을 보낸 후 산란기가 되면 알을 낳기 위해 강으로 올라오게 되는데 정확하게 자기가 태어난 곳으로 돌아온다고 합니다. 냄새로 그 장소를 알 것이라고 학자들은 추측하고 있습니다. 그런데 연어는 강 상류까지 아무것도 먹지 않고 거슬러 오르는데, 이때 엄청난 힘을 소모하고, 마지막 기운마저 구덩이를 파고 알을 낳는 일에 모두 써버리기에 알을 낳는 즉시 암 수컷 모두 죽고 맙니다. 죽은 연어의 몸은 분해되어 플랑크톤을 자라게 하고, 훗날 태어난 새끼 연어들은 이 플랑크톤을 먹고 자란다고 하니 참으로 귀한 사랑이 아닐 수 없습니다.

예수님도 이처럼 인생의 죄를 해결하시기 위해 자신의 몸을 십자가에 못 박으셨습니다. 그 숭고한 사랑 때문에 우리는 죄로부터 해방되어 하나님의 자녀가 누릴 수 있는 온갖 특권을 누리고 사는 것입니다. 이것이 하나님의 구원 법칙입니다.

> 내가 그리스도와 함께 십자가에 못 박혔나니 그런즉 이제는 내가 산 것이 아니요 오직 내 안에 그리스도께서 사신 것이라 이제 내가 육체 가운데 사는 것은 나를 사랑하사 나를 위하여 자기 몸을 버리신 하나님의 아들을 믿는 믿음 안에서 사는 것이라
>
> (갈라디아서 2:20)

35

영원한 가치

문득 컵에 담긴 물을 보며 물의 귀중함을 생각해 보았습니다. 만약 물이 없다면 어떤 일이 일어날까요? 생각만 해도 끔찍합니다.

물은 생명과 직결되는 것입니다. 한 컵의 물을 돈으로 계산하면 오백 원도 되지 않습니다. 물이 귀한 이유는 하나님이 만드셨기 때문입니다. 하나님께서 인간에게 주신 것들은 모두 귀한 것입니다. 귀한 것을 귀하게 여기지 못하며 살기에 물을 허비하며 삽니다. 감사도 없습니다. 알고 보면 귀한 것들이 우리 주위에는 너무나 많습니다.

하나님이 인간에게 주신 물의 가치는 계산할 수 없는 무한대입니다. 금 덩어리를 발견한 사람은 분명 기뻐할 것입니다. 그러나 금 덩어리는 없어도 살 수 있습니다. 물을 보며 기뻐하는 사람은 없지만 물이 없다면 사람들은 불편과 고통 속에서 살게 됩니다. 가치 있는 것을 분별할 수 있는 지혜가 필요합니다.

하나님이 주신 것은 모두 가치가 있습니다. 생명, 시간, 물, 공기, 모두 돈으로 계산할 수 없는 것들입니다.

하나님은 이 세상 사는 동안 우리에게 계속해서 돈으로 헤아릴 수 없는 가치를 공짜로 공급해 주십니다. 하나님의 공급은 죽음 이후까지도 계속됩니다. 오늘 이 가치를 깨달으면 죽음 이후에 주시는 영원한 가치까지 알게 됩니다. 그러나 이 가치는 예수님을 믿는 순간에야 깨닫게 되는 진리이기도 합니다.

내가 곧 길이요 진리요 생명이니 나로 말미암지 않고는 아버지께로 올 자가 없느니라

(요한복음 14:6)

36

영혼

아름다운 꽃이 많은 화단을 망쳐버리는 방법을 아십니까? 꽃밭에 불을 지르고 물을 많이 부어버리면 될 것입니다. 그러나 그렇게 수고를 하지 않아도 쉽게 망칠 수 있는 비결은 그 화단을 그냥 내버려 두는 것입니다. 그러면 나중에 잡초가 무성해지고 저절로 망쳐집니다.

또 어떻게 하면 친구간의 우정을 망쳐버릴 수 있을까요? 돌아다니면서 마구 헐뜯고 비방을 하면 그 친구와의 우정을 망칠 수 있을 것입니다. 그러나 그렇게 수고하지 않아도 됩니다. 그 친구가 존재하지 않는 것처럼 그냥 내버려 두면 됩니다.

우리의 영혼도 마찬가지입니다. 내 영혼을 끊임없이 돌보고 말씀의 양분을 주며 기도의 호흡을 하며, 끊임없이 세상의 먼지들로 더렵혀지는 영혼을 청소하는 일들을 하지 않고 그냥 내버려 두기만 하면 될 것입니다. 아무런 관심도 갖지 말고, 그냥 버려두십시오. 그러면 영혼은 무참히 망가져 버릴 것입니다.

프랑스 왕 루이9세가 주방에서 일하는 비천한 소년에게 무엇을 열심히 가르치는 것을 보고 어떤 사람이 무엇을 그렇게 열심히 가르치는지 물었을 때 "가장 비천한 사람도 영혼만큼은 귀중합니다. 이 소년의 영혼도 내 영혼처럼 귀중한 이유는 그리스도께서 피로 사신 영혼을 가지고 계시기 때문입니다."라고 말했다고 합니다. 영혼은 사람에게 가장 중요한 것입니다. 영혼에 대한 무관심은 가장 심각한 병입니다.

사랑하는 자들아 나그네와 행인같은 너희를 권하노니 영혼을 거스려 싸우는 육체의 정욕을 제어하라

(베드로전서 2:11)

37

영혼의 병

며칠 전에 차가 길에서 펑크가 났습니다. 뒤쪽에 있는 타이어였는데 이 타이어 하나 때문에 차에 있는 모든 기계가 제 기능을 발휘할 수 없는 것을 보면서 사람에 대해 생각하게 되었습니다.

사람이 병이 들면 다른 기능까지 제 역할을 하지 못합니다. 그러나 육체적인 병보다도 영혼의 병이 더 심각한 것입니다. 역사를 살펴보면 위인들 가운데는 병약한 사람이 많았지만 그들의 영혼은 오히려 뛰어났습니다.

칼빈은 움직이는 병원이라고 할 만큼 많은 병을 가지고 있었으나 그는 유명한 개혁자였습니다. 육체적인 병을 이기고 큰일을 한 사람 중에는 철학자 스피노자와 고전시인 셀리가 있습니다.

그들은 절름발이였습니다. 그리고 레오나르도 다빈치, 루소, 칸트, 데카르트 등도 몸이 매우 연약했다고 합니다.

육체적인 병도 사람을 힘들게 합니다. 그러나 영적인 병은 인생의 모든 것을 빼앗아 갑니다. 조그만 병이 인생을 죽입니다. 인생을 망치는 영적인 병인 불신, 미움, 시기, 질투, 욕심, 교만, 의심과 같은 것들이 인생을 영원히 파괴할 수 있다는 사실을 알아야 합니다. 하찮게 보이는 영적인 병을 빨리 발견하십시오. 예수님은 당신의 어떤 병도 완벽하게 치료해 주실 것입니다.

이러므로 너희 죄를 서로 고하며 병 낫기를 위하여 서로 기도하라 의인의 간구는 역사하는 힘이 많으니라

(야고보서 5:16)

38
오늘을 포기한자

우리는 일본 사람들에 대한 좋지 못한 감정이 있습니다. 우리를 침략한 무자비한 민족이라고 생각하고 있기 때문입니다. 그러나 그들에게 배울 것도 있습니다. 먼저 친절한 것을 배워야 합니다. 그들을 경제 동물이라고 합니다. 돈 때문인지는 몰라도 대부분의 사람들이 얼마나 친절한지 모릅니다. 어떤 분은 주유소에서 기름을 넣고 나가다가 뒤를 돌아보니 그때까지 고개를 숙이고 있는 모습을 보며 충격을 받았다고 합니다.

두 번째 철저한 준비를 배워야 합니다. 건물들을 보면 얼마나 정교하고 튼튼한지 모릅니다. 지진에 대비한 철저하고 세밀한 건축은 세계 어느 곳에서나 알아줍니다. 또한 그들의 역사를 보면 수많은 전쟁을 통해 강하지 않으면 무참하게 짓밟힐 수밖에 없었기에 언제나 힘을 키웠습니다. 어느 정도 힘이 강해지면 이웃을 먼저 침범해서 영토를 넓혔습니다.

준비하며 살아야 합니다. 철저한 준비는 재앙을 막아 줍니다. 이 세상에서의 철저한 준비는 내세를 보장 받게 됩니다.

준비는 내일 하는 것이 아니라 오늘 해야 합니다. 오늘을 포기한 자에게는 내일이 보장되어 있지 않기 때문입니다.

하나님은 사람에게 준비할 시간을 반드시 주십니다. 그 시간은 바로 지금입니다. 예수님은 지금 당신이 천국을 예약하기를 원하고 계십니다.

보라 지금은 은혜 받을만한 때요 보라 지금은 구원의 날이로다

(고린도후서 6:2)

39

운동 부족증

옛날에는 운동 부족증에 걸리지 않았습니다. 생계 수단이 바로 신체활동이었기 때문입니다. 생계를 위해서는 산을 넘고 강을 건너야 했습니다. 이때 유일한 교통수단은 두 다리밖에 없었기 때문에 하루 일과가 걷는 데서부터 시작하여 걷는데서 끝날 정도였습니다. 그러나 오늘날은 기계 문명의 발달로 모든 사회구조가 자동화됨에 따라 우리의 신체활동이 급속히 감소되어 운동 부족으로 많은 병에 걸리게 되었습니다.

하나님께서 인간에게 주신 두 다리는 단순히 신체를 이동하는 데 만 이용되는 것이 아니고, 신체 각 기관을 항상 건강한 상태로 유지시키는 중요한 역할을 하고 있는 것입니다. 그래서 '우유를 먹는 사람보다 우유를 배달하는 사람이 더 건강하다’고 합니다.

하나님께서 우리 인간을 흙으로 만드실 때부터 운동을 해야만 건강한 삶을 살 수 있도록 한 것입니다. ‘땀을 흘려야 식물을 먹으리라(창 3:19)’고 한 말씀이 바로 우리 몸은 땀이 날 정도로 신체 활동을 해야 생명을 유지할 수 있다는 것을 제시하고 있는 것입니다.

미국의 아이젠하워 대통령은 속보(速步)로 심장병을 치료했으며, 루즈벨트 대통령은 운동으로 천식을 극복했다고 합니다.

하나님께서는 인간에게 영혼과 육체를 주셨습니다. 육체의 운동이 이처럼 중요하다면 영혼의 운동은 더욱 중요합니다. 하나님을 만나기 위해 꾸준히 노력할 때 영혼의 건강을 유지할 수 있습니다. 사람은 떡으로만 살 수 없습니다. 영혼의 양식인 하나님의 말씀만이 인생을 풍요롭게 해줍니다.

사람이 떡으로만 살 것이 아니요 하나님의 입으로 나오는 모든 말씀으로 살 것이라 하였느니라

(마태복음 4:4)

40

웃는 자가 장수한다

1892년 워싱턴에서 유머에 대한 심포지엄이 열렸는데 과학자들은 여러 가지 주장을 하였다고 합니다. 특히 "자주 웃는 자가 장수한다"는 여러 가지 증거들이 제출됐다고 합니다.

스탠퍼드 대학의 W. 프라이드 박사는 웃음이 제자리 달리기와 같은 효과가 있어 사람이 마음껏 웃으면 배, 가슴, 어깨, 기타 모든 근육이 수축되어 심장박동이 늘어나고 맥박은 60-120까지 배가되며 혈압도 120에서 2배까지 오르다가 웃음을 멈추면 모든 것이 정상으로 돌아갈 때 수축되었던 맥관이 퍼지면서 스트레스와 고혈압 심지어 두통까지 깨끗이 몰아내므로 생명을 위협하는 것들을 일시에 몰아낸다고 하였습니다.

미국의 출판업자 N. 커즌즈도 자신의 퇴행성 척추병을 웃음으로 고쳤다고 합니다.

웃음은 하나님이 주신 선물입니다. 성경은 여러 군데에서 기뻐하라고 말씀하고 있습니다. 빌립보서 4장 4절에서는 "주 안에서 항상 기뻐하라 내가 다시 말하노니 기뻐하라"고 했고 데살로니가전서 5장 16절에서는 "항상 기뻐하라"고 하였습니다.

하나님을 신뢰하는 자는 기뻐할 수 있습니다. 영원한 기쁨은 하나님이 주십니다. 세상적인 찰나의 기쁨 때문에 영원한 기쁨을 놓친다면 이는 참으로 억울한 일이 아닐 수 없습니다. 한 번 생각해보시겠습니까? 당신이 소유한 세상적인 것들이 정말 기쁨을 줍니까? 사람의 영혼 깊은 곳에서 터지는 웃음을 가지고 싶지 않습니까? 믿음만이 항상 기뻐할 수 있는 근거가 됩니다.

마음의 즐거움은 양약이라도 심령의 근심은 뼈로 마르게 하느니라

(잠언 17:22)

41
워너메이커의 고백

미국의 백화점 왕으로 불리는 워너메이커에게 체신부 장관의 제의가 들어 왔을 때에 "교회 학교 교장을 하고 있으므로 주일에는 직무를 수행치 못해도 좋으면 장관직을 수행하도록 하겠습니다."라고 말할 정도로 그는 철저한 크리스천이었습니다.

일본 국립은행을 설립한 시부사와 이이찌가 공자에 대해 설명하고 자랑하자 그에게 예수님을 전했습니다. "공자는 참으로 훌륭한 사람입니다. 그러나 공자는 죽었습니다. 그 무덤에 참배하는 사람도 많습니다. 그러나 예수는 죽으셨다가 살아나신 분입니다. 그분은 무덤에 계시지 않습니다. 지금도 살아계셔서 우리와 함께 계십니다."

믿음이란 살아계신 주님과 함께 동행하는 것입니다. 믿음은 교훈이나 업적이 아님을 알아야 합니다. 석가의 마지막 유언처럼 "나는 죽으나 내 가르침은 영원히 남는다."라는 정도가 아니라 그분이 직접 우리의 생활 현장으로 오신다는 것입니다. 그것도 무능력자가 아닌 능력의 하나님으로 말입니다. 그래서 베드로의 신앙고백인 "주는 그리스도시요 살아계신 하나님의 아들이시니이다."라고 한 마태복음 16장 16절의 말씀은 오늘도 여전히 모든 그리스도인들의 신앙고백인 것입니다. 당신은 살아계신 그리스도를 만나셨습니까?

볼지어다 내가 문 밖에 서서 두드리노니 누구든지 내 음성을 듣고 문을 열면 내가 그에게로 들어가 그로 더불어 먹고 그는 나로 더불어 먹으리라

(요한계시록 3:20)

42

위험지역

여름이 되면 바다는 해수욕을 즐기러 온 사람들로 장사진을 이룹니다. 그런데 해수욕을 하다보면 위험지역을 알리는 경계 표시로 깃발이 꽂혀 있는 것을 볼 수 있습니다. 그런데 어떤 사람들은 그 경계 표시를 무시하고 너무 멀리까지 헤엄쳐 가다가 아까운 목숨을 잃기도 합니다.

하나님께서는 성경을 통해 우리가 하지 말아야 할 행위에 대해 자세하게 명시해 놓으셨습니다. 그러나 사람들은 경고를 무시하고 금지구역을 침범하는 때가 많습니다.

아담과 하와도 하나님께서 금하신 선악과를 따먹으므로 인해 모든 것이 준비된 에덴동산에서 쫓겨나고 말았습니다. 그러므로 인생의 자유와 행복은 하나님의 말씀 안에 있습니다. 사람들은 일반적으로 하나님 말씀대로 사는 것이 희생이며 손해라고 생각합니다. 그러나 알아야 합니다. 순종에서 오는 희생은 불순종에서 오는 희생에 비하면 아무 것도 아니기 때문입니다. 하나님은 성경을 통해 인생들에게 말씀하십니다.

진리를 알지니 진리가 너희를 자유케 하리라

(요한복음 8:32)

생각건대 현재의 고난은 장차 우리에게 나타날 영광과 족히 비교할 수 없도다

(로마서 8:18)

43

유리 막

곤들메기라는 물고기에 대해 심리학자들이 이런 실험을 하였다고 합니다.

곤들메기를 잡아 커다란 수족관에 넣고 그 수족관 안에 있는 작은 물고기들을 잡아먹으며 살게 했습니다.

며칠 후 곤들메기와 먹이인 작은 물고기 사이를 얇은 유리 막으로 차단하였습니다.

곤들메기는 바로 눈앞에 있는 먹이를 아무리 잡아먹으려고 해도 유리 막에 부딪힐 뿐 번번이 실패할 수밖에 없었습니다.

며칠이 지난 후 유리 막을 치워주었습니다. 먹이 사냥을 허락받은 곤들메기가 먹이를 향해 돌진하여 포식할 때까지 사냥을 계속

할 것 같았으나 실제로는 전혀 다른 결과가 나타났습니다. 눈앞에 놀고 있는 작은 물고기들을 보고도 이 곤들메기는 전혀 반응을 보이지 않았다고 합니다.

곤들메기에게 작은 물고기들은 이미 잡아먹을 수 없는 그림의 떡쯤으로 세뇌되어 있었던 것입니다. 이 후 곤들메기는 그 풍성한 먹이를 앞에 둔 채 이 주일쯤 되어 굶어 죽고 말았다고 합니다.

머릿속에 있는 부정적인 고정 관념 때문에 교회는 나왔어도 하나님의 살아계심을 체험하지 못하고 지식적인 단계에 머무는 어린 아이 신앙에서 뱅뱅 도는 사람들이 있습니다.

당신은 곤들메기와 같은 고정관념에 붙잡혀 있지 않습니까? 당신이 하나님께 가까이 나아가는데 방해되는 유리 막은 무엇입니까? 이 유리 막을 머릿속에 넣어 두고 사는 동안 당신의 영혼은 굶주리고 죽어가고 있음을 알아야 합니다.

예수께서 이르시되 할 수 있거든이 무슨 말이냐 믿는 자에게는 능치 못할 일이 없느니라 하시니

(마가복음 9:23)

영혼 없는 몸이 죽은 것같이 행함이 없는 믿음은 죽은 것이니라

(야고보서 2:26)

44

이별 없는 만남의 감격

만남에 대한 감격은 그 어떤 감격과 비교할 수 없습니다. 야곱은 평생 감격적인 만남 때문에 인생이 바뀐 사람입니다. 먼저 형 에서와의 만남이 창세기 33장 4절에 기록되어 있습니다.

"에서가 달려와서 그를 맞아서 안고 목을 어긋맞기고 그와 입 맞추고 피차 우니라."

형을 속이고 장자의 축복을 받은 야곱이 20년간 형을 두려워했으나 다시는 두려워할 필요가 없어졌기 때문입니다.

또 다른 만남은 아들 요셉과의 만남으로 창세기 46장 29-30절에 기록되어 있습니다.

"요셉이 수레를 갖추고 고센으로 올라가서 아비 이스라엘을 맞으며 그에게 보이고 그 목을 어긋맞게 안고 얼마동안 울매 이스라엘이 요셉에게 이르되 네가 지금까지 살아 있고 내가 네 얼굴을 보았으니 지금 죽어도 가하도다."

죽었다고 생각한 아들이 애굽의 총리대신이 되어 그의 앞에 나타났으니 얼마나 감격했겠습니까?

만남에 대한 기대감을 가지고 사는 사람은 삶에 대한 의욕을 불태울 수 있습니다. 그리고 자신의 위치를 지키며 살 수가 있습니다.

성경은 가장 감격적인 만남이 있음을 말씀하고 있습니다. 죽은 자를 만날 수 있다면 이보다 더한 감격은 없을 것입니다. 죽음은 새로운 처소로 이동하는 것입니다. 그러므로 믿음은 다시는 이별 없는 만남의 감격을 보장하고 있습니다.

> …내가 너희를 위하여 처소를 예비하러 가노니 가서 너희를 위하여 처소를 예비하면 내가 다시 와서 너희를 내게로 영접하여 나 있는 곳에 너희도 있게 하리라
>
> (요한복음 14:2-3)

45
이별 연습

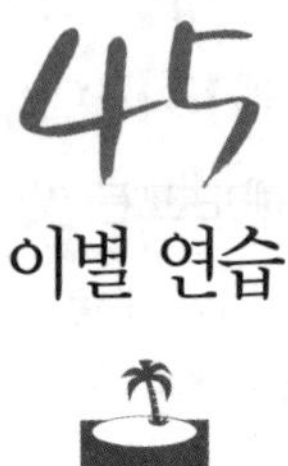

사람들은 헤어짐의 아픔을 예측할 수가 없습니다. 그러나 반드시 찾아오고야 맙니다. 많은 사람을 만나서 기뻐하고 힘을 얻지만 반드시 다가오는 이별의 아픔을 감수해야 한다는 사실도 기억해야 합니다.

배우자의 죽음이나 부모 혹은 자녀의 죽음은 가장 큰 상실감을 느낍니다. 성경에 보면 야곱이 아들 요셉과의 헤어짐을 안타까워하여 몸부림치고 있는 것을 창세기 37장 34-35절에서 잘 기록하고 있습니다. "자기 옷을 찢고 굵은 베로 허리를 묶고 오래도록 그 아들을 위하여 애통하니 그 모든 자녀가 위로하되 그가 그 위로를 받지 아니하여 가로되 내가 슬퍼하며 음부에 내려 아들에게로 가리라하고 그 아비가 그를 위하여 울었더라."

사람이 영원히 가지고 살 수 있는 것은 아무 것도 없습니다. 아무리 사랑의 대상이라고 해도 모든 것이 하나님의 것이기에 사람은 하나님의 처분에 맡길 수밖에 없는 것입니다. 세상과 이별하기 싫고, 사람과 이별하기 싫습니다. 그러나 때가 되면 반드시 다가 오고야맙니다. 그러므로 평소에 이별 연습이 필요합니다. 그러면 갑자기 다가오는 이별을 필연적인 것으로 받아들일 수 있기 때문입니다.

사람은 이별을 향해 달려가고 있습니다. 어떤 만남도 이별이라는 전제하에 만나는 것입니다. 그러나 이별 후에 새로운 만남이 있음을 안다면 이별도 참을 수 있는 하나의 인생 단락에 불과함을 이해하게 될 것입니다.

만일 땅에 있는 우리의 장막집이 무너지면 하나님께서 지으신 집 곧 손으로 지은 것이 아니요 하늘에 있는 영원한 집이 우리에게 있는 줄 아나니

(고린도후서 5:1)

그의 얼굴을 볼 터이요 그의 이름도 저희 이마에 있으리라

(요한계시록 22:4)

46

인간의 한계

담배를 피우는 인구가 1200만 명에 이른다고 합니다. 이중에 90%가 담배는 해롭다고 느끼고 있고 70%는 담배를 끊고 싶어 한다고 합니다.

사회여건 변화에 따라 여성들의 흡연과 청소년 흡연이 계속 늘고 있는데 이에 따라 폐암, 심근경색증, 뇌졸중 등에 의한 사망이 향후 계속 증가할 것으로 보입니다.

담배의 니코틴은 저 농도에서 각성 효과를 나타내며 고농도에서는 진정 효과를 주기 때문에 자꾸 담배를 찾게 된다고 합니다. 따라서 담배를 끊으면 정신 집중이 안 된다든가 초조 불안하다는 증상을 느끼게 된다고 합니다.

서양 여자들이 늙어 보이는 이유는 여자 흡연자가 많기 때문인데, 피부가 빨리 노화하여 얼굴에 주름살이 많고 탄력이 없으며 나이에 비해 훨씬 늙어 보인다고 합니다.

멋모르고 시작한 흡연의 대가는 너무나 가혹합니다. 사람들은 유익이 없는 것을 좋아합니다. 그리고 해로운 줄 알면서도 끊지 못합니다. 이는 인생이 얼마나 무기력한 존재인가를 보여주는 한 단면입니다. 가장 중요한 자신의 문제에 무기력한 인간인 것입니다. 그러므로 인생에게는 도움이 필요합니다. 인생을 만드신 하나님의 완벽한 도움이야말로 가장 멋진 삶을 창조하게 됩니다. 하나님을 만나십시오. 오늘이 바로 기회입니다.

너희는 여호와를 만날만한 때에 찾으라 가까이 계실 때에 그를 부르라

(이사야 55:6)

47

인간의 힘

한 사람의 일생을 살펴보고자 합니다. 16세에 사관학교 졸업, 24세에 소장으로 진급, 26세에 이탈리아 원정군 사령관, 33세에 종신 통령에 취임, 35세 프랑스 황제, 이후 이태리 독일 오스트리아를 비롯하여 전 유럽을 정복, 1812년 러시아에서 부하 50만 명을 잃음, 50세의 한창 나이에 세인트루이스로 귀향, 10년 후 세상을 떠남.

그는 "내 사전에는 불가능이 없다"고 큰 소리를 친 나폴레옹입니다. 그는 로마 교황 비우스7세가 씌워 주려던 관을 빼앗아 자신이 직접 썼다고 합니다. 이태리를 점령했을 때는 자신의 주례를 해준 교황을 파면하고 새로운 교황을 앉힐 정도로 권력을 휘둘렀습니다. 그는 유배 생활 중에 "내 등잔에는 기름이 없다"고 자주 말했다고 합니다. 그는 외롭고 쓸쓸한 죽음을 맞이하였습니다.

자기의 힘을 의지한 사람들의 말년은 항상 비참하고 허무하였습니다. 인생이 할 수 있는 일이란 언제나 한계가 있습니다. 비행기를 타면 스튜어디스들이 하는 방송을 보며 저 안전 교육이 나를 위기로부터 구해 줄 것이라고 생각하는 사람은 아무도 없습니다.

죽음이 오면 그대로 맞이할 수밖에 없는 무기력한 인간이지만 하나님을 찾는 사람은 누구나 하나님을 만날 수 있습니다. 예수님을 믿으십시오. 그러면 전능하신 하나님을 만날 수가 있습니다. 하나님은 멀리 계시지 않습니다. 바로 당신 곁에 계십니다.

너희는 여호와를 만날 만한 때에 찾으라 가까이 계실 때에 그를 부르라

(이사야 55:6)

48

인생 발자국

어떤 그리스도인이 지나온 발자국을 되돌아보았습니다. 험한 길이나 가파른 고개 길에는 오직 한 사람의 발자국만 찍혀 있고 평지와 낮은 구릉의 편안한 길에는 두 사람의 발자국이 멀찍이 떨어져서 찍혀 있었습니다.

그는 예수님께 항의하듯 물었습니다. "저는 도무지 이해할 수가 없군요. 주님. 왜 낮은 구릉과 평지에는 당신께서 저와 동행하여 주시고 거칠고 험난한 길에서는 저 혼자 걷게 내버려두셨습니까?"

그의 말을 들은 예수님은 조용히 말씀하셨습니다. "네가 만일 편안한 길에서까지 진실로 나를 신뢰하고 필요로 했다면 아마 그

길의 발자국도 하나뿐이었을 것이야. 너는 힘들고 험한 길을 갈 때에만 나를 찾았고, 나는 그때 너를 업고 다녔단다. 그러나 험난한 길이 끝나면 너는 날 멀리했지. 그때마다 나는 네 곁에 가까이 갈 수 없어서 멀찍이 떨어져서 너를 바라보며 걸을 수밖에 없었단다."

인생의 위기는 어려움을 당할 때가 아닙니다. 오히려 평탄한 길을 갈 때입니다. 주님은 언제나 함께 하기를 원하십니다. 그러나 어려움이 사라지면 주님을 외면하는 한심한 망각 증세 때문에 인생이 아프고 힘든 것입니다.

인생은 언제나 주님의 도움을 받아야 합니다. 주님의 도움은 내일 필요한 것이 아니라 바로 오늘입니다.

두려워 말라 내가 너와 함께 함이니라 놀라지 말라 나는 네 하나님이 됨이니라 내가 너를 굳세게 하리라 참으로 너를 도와주리라 참으로 나의 의로운 오른손으로 너를 붙들리라

(이사야 41:10)

49
인생은 본향으로 돌아가야 한다

이 세상사는 동안 누구나 고향에 대한 그리움을 가지고 삽니다. 언젠가 고향으로 돌아가야겠다는 강한 충동은 사람에게만 있는 것은 아닌 것 같습니다.

영국의 어떤 부자가 카나리아 한 마리를 사서 온갖 정성을 다 쏟았습니다. 금반지를 만들어 끼워 주기도 하고 아름다운 꽃으로 관을 만들어 씌워 주기도 하며 18년 동안이나 키웠습니다.

어느 날 화재로 인해 새 창문이 열리자 카나리아는 어디론가 날아가 버리고 말았습니다. 부자는 카나리아를 찾기 위해 사방팔방으로 수소문한 결과 두 달 후에 다시 찾을 수가 있었습니다. 카나리아가 발견된 곳은 아프리카 키네아 지방이었는데 영국에서 그

곳까지는 무려 4,800키로나 떨어져 있었습니다.

카나리아는 고향을 찾아 날아간 것입니다. 18년이란 세월도, 부자 주인의 극진한 사랑도 고향에 대한 그리움을 지울 수 없었던 것입니다.

고향에 대한 그리움이 추억 속의 아름다움으로 끝나는 경우가 많습니다. 실제적으로 고향을 찾았을 때 실망하는 경우가 얼마나 많은지 모릅니다. 그래도 사람들은 고향을 그리워합니다.

인생에는 참 고향이 있습니다. 그곳은 사람을 실망시키지 않습니다. 모든 것이 완벽하게 준비된 아름다운 곳이기 때문입니다. 인생의 영원한 고향은 바로 하나님이 준비하신 하나님의 나라입니다.

저희가 이제는 더 나은 본향을 사모하니 곧 하늘에 있는 것이라

(히브리서 11:16)

50

인생의 가장 큰 파문

인디아나주와 미시간주의 경계선에 있는 웨이브먼(흰 비둘기라는 뜻) 동네 광장에는 젊은 인디언의 묘비가 있습니다. 묘비에는 "이보다 더 큰 사랑이 있으랴 여기 친구를 위하여 아픔을 견딘 흰 비둘기가 누워 있다."는 글이 새겨져 있습니다.

여기에는 이런 사연이 있다고 합니다. 인디안 청년이 총에 맞아 죽어갈 때에 백인들에게 구출되어 치료를 받던 중 예수님에 대한 이야기를 듣고 복음을 받아들였습니다. 그는 이 놀라운 사실을 빨리 자기들의 동족에게 알리고 싶어 60마일이 떨어진 동네까지 달리기 시작하였습니다.

그는 복음을 전했으나 아물지 않은 상처가 악화되어 세상을 떠나고 말았습니다. 이 청년은 지금도 많은 사람들의 기억 속에 남아 있다고 합니다.

이처럼 복음은 생명보다 귀합니다. "복음은 조용한 연못에 던져진 돌멩이처럼 첫 파문은 적지만 곧 연못 사방 가장자리까지 이르게 된다."고 한 Chappell의 말처럼 복음의 영향력은 인생을 송두리째 바꾸는 파문을 일으키게 됩니다.

복음은 인생에게 주어진 행복과 사랑과 영원을 소유할 수 있게 하며 그리고 하나님의 마음을 사로잡을 수 있게 합니다.

행복을 원하면 예수님을 믿으십시오. 행복을 선물하고 싶습니까? 예수님을 소개하십시오. 그것이 가장 귀한 선물이 될 것입니다.

내가 복음을 전할지라도 자랑할 것이 없음은 내가 부득불 할 일임이라 만일 복음을 전하지 아니하면 내게 화가 있을 것임이로라

(고린도전서 9:16)

51

인생의 영원한 가이드

고대 이집트에서 발견된 무덤 속에 있던 밀알을 땅에 심고 물을 주었더니 싹이 났다고 합니다. 오천년 전에 있던 씨앗이 열매를 맺을 수 있다고 누가 감히 생각할 수 있겠습니까? 이는 바로 생명력을 가졌기 때문입니다. 생명 속에 사랑이 있고 힘이 있습니다. 사람이 존재할 수 있는 이유도 알고 보면 생명이 있기 때문입니다.

영국의 유명한 문호 스코트가 임종이 가까워 오자 아들에게 "나는 책이 보고 싶다. 나를 서재로 데려가 다오."라고 말하였습니다. 아들이 서재로 안내하여 "무슨 책을 보시렵니까?"라고 묻자 "지금까지 나는 저렇게 많은 책을 읽었지만 이제는 다른 책은 볼 필요가 없고 하나님 말씀인 성경 밖에는 볼 것이 없다."고 하면서 요한복음 14장을 읽게 하고는 "아! 나는 이 말씀으로 위안을 얻는다" 하며 자는 듯이 눈을 감고 세상을 떠났다고 합니다.

하나님의 말씀인 성경 속에는 생명에 대한 진리가 있습니다. 인생이 알 수 없는 내세의 비밀을 담고 있는 인생의 영원한 가이드인 것입니다.

"너희는 마음에 근심하지 말라 하나님을 믿으니 또 나를 믿으라. 내 아버지 집에 거할 곳이 많도다. 그렇지 않으면 너희에게 일렀으리라 내가 너희를 위하여 처소를 예비하러 가노니 가서 너희를 위하여 처소를 예비하면 내가 다시 와서 너희를 내게로 영접하여 나 있는 곳에 너희도 있게 하리라." 스코트가 죽음에 앞서 위로를 받은 요한복음 14장 1-3절 말씀입니다.

예수께서 가라사대 나는 부활이요 생명이니 나를 믿는 자는 죽어도 살겠고 무릇 살아서 나를 믿는 자는 영원히 죽지 아니하리니 이것을 네가 믿느냐

(요한복음 11:25-26)

52

인생의 속도 감각

포유류 중에서 가장 느린 것은 나무늘보라는 짐승으로 땅에서는 시속 158미터의 속도를 낼 수밖에 없다고 합니다. 이 정도는 10킬로미터 나아가는데 6시간 30분이 걸린다고 합니다. 그러나 나무 위에서는 시속 2킬로미터 정도의 속도를 낼 수 있다고 합니다.

한국 사람들처럼 급한 사람도 없을 것입니다. 급하게 일을 처리하다 보면 언제나 실수와 허점투성이가 될 수밖에 없습니다.

하나님께서 모든 만물을 창조하실 때에 환경에 필요한 속도 감각과 능력을 주셨습니다. 그런데 빨리 빨리 하고자 하는 욕심 때문에 생체 리듬이 깨어지고 수명이 단축된다는 사실을 알아야 합니다. 삼풍백화점과 성수대교의 참사를 통해 우리는 그 결과를 눈으로 보며 살고 있는 것입니다. 주어진 환경 속에서 속도 감각을 유지하는 것이야말로 삶을 원활하게 유지할 수 있는 방법입니다.

스페인의 건축가 가우디에 의해 설계된 성가족 교회는 300년 동안 건축이 계속 진행 중에 있습니다. 한 건물을 저렇게 오랫동안 지을 이유가 있는가 하는 의구심이 들기도 하지만 그 인내와 세밀함은 본받을 필요가 있다고 봅니다. 그러나 일부러 늑장을 부린다면 이 역시 문제인 것입니다. 주어진 시간에 최선을 다하는 삶이야말로 인생의 속도 감각을 갖춘 자의 모습일 것입니다. 오늘을 살며 내일을 준비하고 이 세상에서 내세를 준비하는 것 역시 인생에게 요구되는 속도 감각이 아닐까요?

부지런한 자의 경영은 풍부함에 이를 것이나 조급한 자는 궁핍함에 이를 따름이니라

(잠언 21:5)

53

인생의 승패

북반구에 사는 길레모트라는 새는 절벽의 바위틈에 알을 낳는 다고 합니다. 수백 마리의 어미 새가 낳는 알들이 바위를 하얗게 뒤덮는다고 합니다. 놀라운 것은 어미 새가 수백 개의 알 중에 자기가 낳은 알을 정확하게 찾아낸다는 것입니다.

작은 새 하나의 지식도 이렇게 오묘한데 하나님의 능력은 얼마나 대단하겠습니까?

하나님은 인생을 아십니다. 세밀하게 살피십니다. 어디든지 계십니다. 그러므로 우리가 피할 곳이 없습니다. 결국 인생의 성공은 하나님 앞에서 산다는 사실을 인식하는데 있습니다.

많은 사람들이 하나님을 잊고 삽니다. 그러나 하나님 앞에서 산다는 의식을 가지고 사는 사람은 반드시 좋은 열매를 얻습니다. 자녀가 아버지를 생각하며 사는 것이 정상적이듯이 사람이 하나님을 매일 생각하며 사는 것 역시 지극히 당연한 이치인 것입니다. 오늘부터 하나님을 생각하며 사십시오. 그러면 하나님께서도 당신을 생각하실 것입니다.

나 여호와가 말하노라 사람이 내게 보이지 아니하려고 누가 자기를 은밀한 곳에 숨길 수 있겠느냐 나 여호와가 말하노라 나는 천지에 충만하지 아니하냐

(예레미야 23:24)

54

인생이 어찌 마음대로

인생의 즐거움도 하나님께서 주시는 복입니다. 고통과 염려 그리고 실패하는 사람에게는 즐거움이 없습니다.

어떤 처녀가 결혼을 했습니다. 이 자매는 미인에다 상냥하였기에 많은 남자들 사이에 인기가 있었습니다. 결혼 상대는 미국에서 박사학위를 받은 키가 큰 미남 청년이었습니다. 모든 사람의 부러움과 축하 속에 결혼을 했으나 일주일도 되지 않아 이혼하고 말았습니다. 이유인즉 자다가 얼굴이 뜨뜻해서 일어나 보니, 남자가 자기 얼굴에 오줌을 누고 있더라는 것입니다. 알고 보니 변태적인 정신 이상자였다고 합니다.

인생이 어찌 사람의 마음대로 됩니까? 눈으로 보이지 않는 것까지 인도하시는 하나님의 간섭이 있어야 합니다.

여호와를 의지하는 자는 다 복이 있도다

(시편 2:12)

거기 곧 너희 하나님 여호와 앞에서 먹고 너희 하나님 여호와께서 너희 손으로 수고한 일에 복 주심을 인하여 너희와 너희 가족이 즐거워할지니라

(신명기 12:7)

55

인생 저축

얼마 전 어떤 형제로부터 가슴 아픈 이야기를 들었습니다. 그의 형수가 몇 개월 전에 세상을 떠났는데, 형수는 무척 열심히 살았다고 합니다. 부모님의 생신이 되어도 변변한 선물 하나 사오지 못했는데, 형수는 "다음에 돈을 많이 벌어서 부모님을 기쁘게 해 드리는 것이 낫지 지금 조금 낫게 해 드리는 것이 무슨 의미가 있겠느냐."고 말하며 아주 인색한 면을 보였다고 합니다.

이 형제는 몇 번이고 예수님을 믿으라고 권면을 했음에도 지금은 돈을 열심히 벌어야 하는데 무슨 시간이 있느냐면서 다음에 보자고 하더라는 것입니다. 그런데 갑자기 교통사고로 현장에서 즉사하고 말았다고 합니다.

세상을 떠난 형수는 얼마나 알뜰했는지 서랍 속에는 통장이 수두룩했다고 합니다. 그리고 팬티도 남편의 팬티를 입고 있었다고 합니다. 목숨을 잃고 난 다음에 돈이 무슨 소용이 있습니까?

사람들은 내일을 기대하며 삽니다. 그러나 오늘 최선을 다하지 않으면 후회가 있을 뿐입니다. 그러므로 인생 저축은 물질이 아니라 내세에 대한 준비입니다. 오늘, 죽음에 대한 준비를 마치고 살아야 합니다. 그렇지 않으면 누구나 후회할 수밖에 없기 때문입니다.

> 저희에게 이르시되 삼가 모든 탐심을 물리치라 사람의 생명이 그 소유의 넉넉한 데 있지 아니하니라 하시고
>
> (누가복음 12:15)

56

인생 조각가

어떤 젊은 여인이 조각가의 화실을 매일 저녁마다 청소하게 되었습니다. 그녀는 매일 오후 화실에 와서 마룻바닥에 떨어져 있는 쓰레기를 치우고 방을 닦았습니다.

그녀는 올 때마다 점차 사람의 형상으로 변해가는 대리석 덩어리를 보고 놀라지 않을 수 없었습니다. 처음에는 머리 모습을 보았는데 그 다음에는 얼굴 형상이 나타나더니 점차 뚜렷한 사람의 얼굴로 변해 가는데 매우 낯익은 사람의 모습이라고 생각했습니다.

어느 날 조각가가 막 화랑을 나가려는데 그 파출부가 들어서면서 외쳤습니다. "아니, 이건 아브라함 링컨이 아닙니까?" 그녀는 감탄하여 외치듯 말했습니다. "아니, 어떻게 이 대리석 덩어리 속에 링컨 대통령이 들어 있었던 것을 아셨나요?"

하나님은 우리가 생각하는 것보다 훨씬 우리를 더 잘 알고 계십니다. 목동 다윗을 보면서 이스라엘 왕 다윗을 보고 계셨습니다. 하나님은 마음 속 더 깊은 곳을 헤아리고 계십니다. 여러분을 하나님께 맡기어 숨겨져 있는 가능성을 발견하십시오. 하나님은 인생의 조각가이시기 때문입니다.

> 하나님은 크고 측량할 수 없는 일을 행하시며 기이한 일을 셀 수 없이 행하시나니
>
> (욥기 5:9)

57

인생의 기초

1995년 1월 16일 동틀 무렵 일본 고오베시를 강타한 지진은 수많은 인명과 재산 피해를 가져왔습니다.

아수라장이 된 폐허 가운데서도 간혹 아무 일도 없었던 것처럼 우뚝 서 있는 건물들도 있었습니다. 모든 건물이 다 같이 지진을 당했지만 이처럼 결과는 판이하게 달랐습니다.

완벽한 준비와 튼튼한 기초위에 지은 건물은 어떤 경우에도 흔들림 없이 자기의 자리를 지킬 수 있지만 대충 대충 지은 건물은 조그만 충격에도 넘어질 수밖에 없습니다.

인생도 이와 마찬가지입니다. 기초가 중요합니다. 인생을 살면서 다가오는 수많은 풍파를 이길 수 있는 기초는 눈에 보이는 것이 아닙니다. 만약 외적인 요소라면 돈이나 지식 그리고 명예 등이라고 할 수 있을 것입니다. 그러나 그 모두는 약간의 도움은 줄 수 있지만 근본적인 해결책이 될 수 없습니다.

진정한 인생의 기초는 믿음입니다. 믿음은 하나님의 마음을 움직입니다. 그리고 하나님께서 흔들리는 인생을 붙잡아 주시고 안아 주시는 것을 체험하는 것입니다. 만약 당신이 지금부터 믿음을 기초로 해서 인생을 설계한다면 가장 아름다운 완성품 앞에서 탄성을 발하게 될 것입니다.

> 하나님은 우리의 피난처시오 힘이시니 환난 중에 만날 큰 도움이시라 그러므로 땅이 변하든지 산이 흔들려 바다 가운데 빠지든지 바닷물이 흉용하고 뛰놀든지 그것이 넘침으로 산이 요동할지라도 우리는 두려워 아니하리로다
>
> (시편 46:1-3)

58

자아 과다증(Multi-ego)

이런 이야기가 있습니다. 예수님께서 십자가에 못 박히시기 전 날 밤에 겟세마네 동산을 산책했습니다. 슬픔에 잠긴 꽃들은 머리를 숙이고 있었습니다. 그런데 그 중의 한 꽃은 고개를 들고는 자신의 아름답고 고결한 모습을 자랑하고 있었습니다.

예수님은 오만한 백합을 한 동안 서서 바라보고 계셨습니다. 잠시 후 달이 구름 속에서 나와 다른 꽃들의 모습을 보여 주자 백합은 부끄러워 고개를 숙일 수밖에 없었습니다. 그때부터 백합은 고개를 들지 못하고 고개를 숙이며 자신의 교만함에 대해 용서를 비는 모습을 가졌다고 합니다.

현대를 살아가는 많은 사람들은 세계의 중심이 자신이라고 생각하며 삽니다. 이를 "자아과다증(Multi-ego)"이라고 부릅니다. 그리고 교만은 결코 만족하지 못합니다. 언제나 불평과 원망을 쏟아내며 삽니다. "교만한 자에게는 결코 은혜가 없다."는 제임스 케리의 말처럼 교만은 하나님으로부터 멀어질 수밖에 없는 참으로 불행하고 저주스러운 병인 것입니다.

눈이 높은 것과 마음이 교만한 것과 악인의 형통한 것은 다 죄니라

(잠언 21:4)

59

자랑 만들기

인생은 자랑을 만들기 위해 노력하며 삽니다. 그래서 사람들은 돈을 열심히 모읍니다. 죽도록 일해서 모은 돈으로 지식, 명예를 얻는데 사용하며 자신의 자랑인 자녀에게 아낌없이 투자합니다.

서울에 있는 어떤 산부인과 의사에게 자녀가 셋 있었는데 입시 지옥 때문에 아이들의 재능이 묻힐까 걱정을 해서 중학교 때 조기 유학을 보내게 되었습니다. 아이들의 성적은 항상 최고였습니다. 세 아이 중 둘째 봄이가 미국 시카고의 레이크 포리스트 아카데미에 재학 중이던 어느 날 교통사고를 당해서 뇌사 판정을 받았습니다. 그때 봄이는 눈부시도록 아름다운 18세의 소녀였다고 합니다.

뇌사 판정을 받고 장기 중 심장, 간장, 신장, 눈을 미국에 사는 다섯 아이에게 이식하도록 기증하고 한국으로 실려 온 시체는 의사인 엄마가 나온 대학병원에 기증했다고 합니다.

이 세상의 자랑은 끝이 있고 그 결과가 항상 허무합니다. 그러므로 이 세상의 것이 목표가 되고 삶의 방법이 되어서는 안 된다는 사실을 기억해야 합니다.

인생의 진정한 자랑은 힘이 되며, 기쁨이 됩니다. 그 자랑은 인생을 영원히 인도할 수 있어야 합니다. 사도 바울은 예수 그리스도가 인생의 자랑이라고 고백했습니다. 예수님이 인생의 자랑임을 깨닫는 순간 그 분은 이미 당신을 돕고 계심을 알게 될 것입니다.

기록 된 바 자랑하는 자는 주 안에서 자랑하라 함과 같게 하려 함이니라

(고린도전서 1:31)

60

자유

미국의 뉴올리언스 노예 시장에서 아름다운 흑인 혼혈 소녀가 경매에 붙여졌습니다.

경매자들은 평소처럼 입찰을 하고 있었습니다.

군중 속에 있던 한 신사가 소녀를 1,450달러에 살 수 있었습니다. 이 사람은 북부에서 온 사람으로 그 소녀를 집으로 데려 왔습니다.

소녀는 이 사람이 싫었지만 슬픈 목소리로 말했습니다. "나는 당신과 함께 갈 준비가 되어 있습니다." 그러자 그 사람은 소녀에게 증서를 주면서 이렇게 말했습니다. "난 당신과 함께 가길 원하지 않아요. 나는 당신을 자유롭게 해주기 위해 당신을 산 것이요.

이걸 보시오. 자유를 보장하는 증서요." 이 소녀는 감격하여 울먹이며 말했습니다. "제가 정말 자유인 인가요 제가 원하는 대로 할 수 있나요. 그렇다면 남은 생애를 선생님을 위해 섬길 수 있도록 해 주세요."

이 소녀는 자유롭게 살면서 주인을 위해 한 평생을 성실하게 섬겼다고 합니다. 바로 그리스도인이 이런 자들입니다. 믿음을 가지는 순간 모든 짐(사슬)으로부터 자유함을 얻게 되기 때문입니다.

그러므로 아들이 너희를 자유케 하면 너희가 참으로 자유하리라

(요한복음 8:36)

61

자유의 메달

1951년 2월 중공군에게 쫓기던 미군 병사 앤드류스는 죽음의 계곡이라는 강원도 횡성 전투에서 밀려서 후퇴하다가 원주시 호저면 계곡에서 낙오되어 원덕기씨 집으로 피신했습니다. 남하하던 중공군들은 10일간 원씨 집을 뒤지며 먹을 것을 찾았지만 원씨는 그를 11일 동안 다락방에 숨겨 주었습니다. 며느리 고씨는 몰래 밥을 때마다 챙겨주어 그는 구사일생으로 생명을 구할 수 있었습니다.

본국으로 돌아간 앤드류스는 이 사실을 미국 정부에 보고했고 1952년 미국 정부는 "자유의 메달"을 수여했으나 원씨의 이름과 계곡 위치를 정확하게 알지 못해 전할 수가 없었다고 합니다. 그는 여러 경로를 통해 생명의 은인을 찾고자 했으나 찾지 못하다가 1997년 9월 23일 재향 군인회의 도움으로 원덕기씨의 관련 자료를 찾았으나 원씨는 1965년에 이미 고인이 되었기에 유가족을 찾아 미합중국 대통령을 대신하여 "자유의 메달"을 전달하였습니다. 은인을 찾는데 46년이 걸린 것입니다. 그는 언젠가 은혜를 갚기 위해 꼭 한국을 가겠다는 다짐을 하며 살아왔다고 합니다.

우리나라 속담에 개도 닷새가 되면 주인을 안다는 말이 있습니다. 하물며 한 평생 은혜를 모르고 산다면 사람이라고 할 수 없을 것입니다. 사람들의 죄를 대신 지고 십자가에 돌아가신 주님의 은혜야말로 너무나 엄청난 것입니다. 은혜를 품고 사는 자는 삶에 대해 언제나 긍정적이며 기쁨을 가지고 살 수 있습니다. 산다는 것 자체가 하나님의 은혜라는 것을 안다면 언제나 만족하며 살 수 있습니다. 은혜를 모르기에 세상이 삭막해지고 살벌한 것입니다. 알고 보면 누구나 은혜 속에서 사는 것입니다.

> 그러나 나의 나 된 것은 하나님의 은혜로 된 것이니 내게 주신 그의 은혜가 헛되지 아니하여 내가 모든 사도보다 더 많이 수고 하였으나 내가 아니요 오직 나와 함께 하신 하나님의 은혜로라
>
> (고린도전서 15:10)

62

장군의 기도

훌륭한 군인들 가운데 기독교인들이 많이 있습니다. 아무리 강한 무기와 전략도 하나님의 도우심이 없이는 승리할 수 없기 때문에 하나님을 믿는 것입니다. 우리나라에도 많은 군인들 특히 장군들의 절반 이상이 크리스천이라고 합니다.

영국의 고든 장군(1833-1885)은 태평천국의 난 때에 크게 공헌한 장군으로 이집트 총독과 수단 총독 등을 역임하였습니다. 수단 총독으로 임명받아 마디 교도의 반란을 진압하기 위해 행군할 때에 그의 막사에는 매일 한 시간 동안 흰 손수건이 걸려 있었습니다. 그 시간 동안에는 아무리 중요한 보고사항이 있어도 들어갈 수가 없었습니다. 그는 그 시간에 하나님께 기도를 하였다고 합니다.

미국의 잭슨 장군(1824-1863)이 하루는 군 막사에서 시끄러운 소리를 내는 사병이 있다는 보고를 받았습니다. 무엇 때문에 시 끄러운가를 물었더니 기도를 하고 노래를 부른다는 것이었습니다. 군대 규율로는 시끄러운 소리를 내는 자는 벌을 받게 되어 있었습니다. 그러나 장군은 이렇게 말하며 그 부하의 보고를 일축 했다고 합니다. "병영에서 기도하는 것은 하나님도 용서하여 주신다."

기도는 하나님께서 인간에게 주신 특권이요 보배입니다. 기도를 통해 하나님의 임재를 체험할 수 있습니다. 하나님은 기도를 들으십니다. 그리고 반드시 응답해 주십니다. 예수님을 믿는 자는 누구든지 하나님의 자녀가 되어 기도할 수 있는 특권을 부여 받았습니다. 당신도 하나님의 보호와 도우심 속에서 멋있게 살고 싶지 않습니까?

악인의 제사는 여호와께서 미워하셔도 정직한 자의 기도는 그가 기뻐하시느니라

(잠언 15:8)

63
저팬 드림

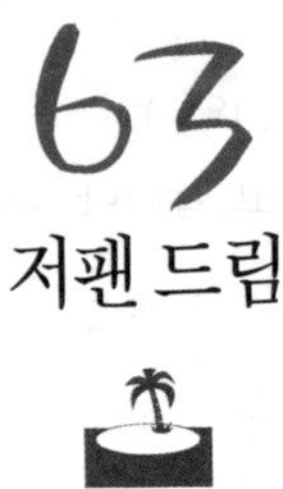

도쿄 시내의 한 호텔에서 50세의 중년 남자가 1998년 2월 19일 목을 매 죽은 시체로 발견되었습니다. 그는 일본의 유일한 한국인 2세로 국회의원이었던 아라이 쇼케이였습니다. 그는 명문 도쿄 대학을 졸업하고 일본 대장성 관료를 지낸 엘리트였습니다. 정치에 꿈을 품고 국회의원이 된지 12년 만에 삶을 스스로 포기하고 말았습니다.

어린 시절 조센징이란 차별 속에서 16세 때 일본으로 귀화한 그는 86년 일본 정치 일번지라는 도쿄2구에서 당당히 국회의원에 당선되었고 일본 총리가 되고 싶은 꿈을 가진 최초의 한국계 국회의원이었지만 주식거래를 통해 4천만 엔의 부당 이득을 얻었다는 의혹으로 그의 구속설이 언론에 보도되자 결백을 주장하고 스스로 목숨을 끊은 것입니다.

사람들은 누구나 꿈을 가지고 삽니다. 그러나 그 꿈이 모두다 실현되지 않습니다. 최선을 다해 노력할 뿐입니다. 아라이 의원이 차라리 평범한 시민으로 살았다면 이런 비극적인 종말은 없었을지 모릅니다.

꿈을 품고 살아야 하지만 자신만을 위한 욕심의 범위를 벗어나지 못하면 그 결과는 언제나 비극으로 끝날 수밖에 없습니다. 그러나 요셉처럼 자신에게 맡겨진 일에 최선을 다하며 살아갈 때 하나님은 삶속에 개입 하셔서 반드시 꿈을 이루게 하십니다.

너희는 먼저 그의 나라와 그의 의를 구하라 그리하면 이 모든 것을 너희에게 더하시리라

(마태복음 6:33)

64

정비 불량

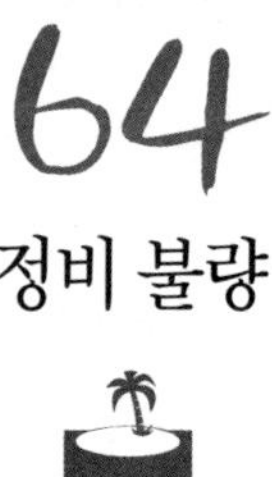

오래전의 일입니다. 어떤 자매가 길을 가다가 트럭 바퀴에 맞아 병원에 입원한 적이 있습니다. 그 자매는 성악을 전공했는데 6개월 동안 전혀 활동을 하지 못하고 병실에서 죽음을 넘나드는 고통을 당했다고 합니다.

수시로 차를 정비해야 합니다. 규칙적인 정비를 외면하면 대형 사고를 유발합니다. 새로운 차를 사고 나면 여러 부분을 점검합니다. 기름을 치고 조이고 닦습니다. 고장 난 차를 몰고 다니면 그 운전자 뿐 아니라 다른 사람에게까지 피해를 입히게 됩니다.

이처럼 사람도 기름을 치고 닦아 주어야 합니다. 영혼 관리를 소홀히 하면 그 결과는 자신 뿐 아니라 그 주위 사람들에게 심각한 피해를 준다는 것입니다.

　하와의 불신은 아담과 그 후손인 인간을 고통으로 몰아넣었습니다. 영혼을 깨끗하게 하지 않으면 우리가 속한 공동체가 죄로 물들 수밖에 없습니다. 우리가 섬기는 교회가 사랑의 공동체가 되어 힘 있는 추진력을 가질 수 있도록 자신의 영혼을 깨끗하게 해야 할 것입니다.

> 너희가 진리를 순종함으로 너희 영혼을 깨끗하게 하여 거짓이 없이 형제를 사랑하기에 이르렀으니 마음으로 뜨겁게 피차 사랑하라
>
> (베드로전서 1:22)

65

즐거운 나의 집

남북 전쟁이 한창이던 1863년 이른 봄 남군과 북군이 "스파트 실바니아"라는 지역에서 대치하고 있었습니다. 먼저 북군의 군악대가 "성조기의 노래"를 연주하자 남군에서는 "딕시"라는 노래를 연주하기 시작했습니다. 서로 노래로 싸움이 시작된 것입니다. 그런데 북군에서 갑자기 "홈 스위트 홈(즐거운 나의 집)"이라는 곡을 연주하기 시작했습니다. 이 노래가 흘러나오자 양쪽 군사들은 얼마동안 침묵하였지만 곧 남군의 밴드도 이 노래를 같이 연주하기 시작했고 양편 군사들은 이 곡을 합창하기 시작했습니다. 군인들은 마음의 고향인 가족을 그리워하며 이 노래를 불렀다고 합니다. 그리고는 24시간 동안 휴전을 선포하고 가족에게 편지를 썼다고 합니다.

건강한 가정은 인간에게 즐거움과 희망의 대상이 됩니다. 여러분의 가정은 건강합니까? 건강하지 못한 가정에서 불량아가 나옵니다. 행복한 가정에서 건전한 인격자가 만들어 집니다. 여러분은 어떻게 가정을 지킵니까? 가족을 진정 사랑합니까? 그렇다면 하나님을 경외하고 말씀에 순종하십시오. 하나님이 가족을 지켜 주실 것입니다.

여호와를 경외하며 그 도에 행하는 자마다 복이 있도다

(시편 128:1)

66

지나가는 허상

결혼을 앞 둔 젊은이들이 배우자를 선택할 때 대부분 믿음만 있으면 된다고 말합니다. 그러나 실제로는 나름대로 계산을 다 합니다. 먼저 외모부터 봅니다. 그리고는 모든 것을 판단하고 결정합니다. 그리하여 결혼 후에 외모를 중시한 자신의 선택이 잘못되었음을 후회하는 경우를 많이 보게 됩니다.

사람의 가치가 외적인 것들에 의해 평가된다는 생각을 하면 할수록 체면에 얽매이고 겉모습을 꾸밀 수밖에 없습니다. 이 세상은 만물상입니다. 각기 개성 있는 외모를 가지고 삽니다. 세계적으로 유명한 해수욕장에 가보면 별의 별 사람들이 다 모여 있습니다. 뚱뚱한 사람, 야윈 사람, 흑인, 백인, 황인 …그러나 그 누구도 자신의 외모를 부끄럽게 여기는 사람은 찾아볼 수 없는 것처럼 자신에 대해 자신감을 가지고 사는 것이 필요합니다.

자신의 부족함을 감추기 위해 지위나 재산 그리고 보다 나은 학력을 가진 좋은 환경의 사람을 만나려고 합니다. 사람의 가치는 이런 것으로 결정 나지 않습니다. 소크라테스나 아브라함 링컨 혹은 이스라엘의 여자 수상이었던 골다 메이어와 같은 분들은 대표적으로 못생긴 사람들이었지만 자신감이 그들로 하여금 큰일을 하도록 만든 것입니다.

외모는 지나가는 허상에 불과합니다. 하나님은 우리의 마음을 감찰하시지 외모에는 관심이 없습니다. 하나님은 형식 보다는 내용을 선택하시고 외모 보다는 중심을 보시기 때문입니다.

만일 너희가 외모로 사람을 취하면 죄를 짓는 것이니 율법이 너희를 범죄자로 정하리라

(야고보서 2:9)

67

지식과 어리석음

네 사람이 여행을 하고 있었습니다. 세 사람은 배운 사람이고 많은 지식을 보유하고 있었습니다. 나머지 한 사람은 평범한 사람이었습니다.

잘나고 똑똑한 사람들 가운데 끼인 보통 사람은 그들로부터 대단한 천대와 멸시를 당하며 동행하고 있었습니다.

이들이 숲속에 도달했을 때에, 그들 앞에 죽은 사자가 길에 누운 채 나타났습니다. 지금껏 자기네들 지식과 기능을 자랑하던 사나이들은 각자의 지식과 기술을 총동원한다면 사자를 살려 낼 수 있다는 결론을 내렸으나, 보통 사람은 사자만은 살리지 마시오. 살아나면 먼저 우리들을 잡아먹을 것이라고 말했습니다. 그러나 그들은 사자를 살리는 작업을 시작했습니다.

보통 사람은 하는 수없이 나무위로 올라가 조마조마한 심정으로 그들의 작업을 바라보고 있었습니다. 보통 사람을 보면서 잘난 사람들은 멸시의 웃음을 띠며 작업을 마쳤을 때, 살아난 사자는 한 번 우렁찬 포효를 하더니 완전히 빈 자기의 뱃속을 채우는 일이 가장 급했던지 자기 앞에 있는 사람들을 모두 잡아먹고 말았습니다.

인도의 동물 우화 폰차탄트라 속에 나오는 이야기입니다. 자신감에 도취된 인간은 스스로 자기가 쳐 놓은 올무에 빠질 수밖에 없습니다. 하나님을 무시하며 사는 것은 자신감에 찬 삶이 아니라 어리석음이며 교만입니다.

어리석은 자는 그 마음에 이르기를 하나님이 없다 하도다 저희는 부패하고 소행이 가증하여 선을 행하는 자가 없도다

(시편 14:1)

68

지워지지 않는 핏자국

세계 종교 대표자 회의가 시카고에서 열렸던 적이 있었습니다. 수많은 종교 대표자들 앞에서 요셉 쿡 박사는 다음과 같은 연설을 했습니다.

"여러분, 저는 여러분 앞에 한 여인을 소개하려 합니다. 그 여인의 손에는 지워지지 않는 핏자국이 있습니다. 그 여인은 살인을 했습니다. 지금 그 여인은 비통에 빠져 있습니다. 저는 여러분이 믿고 있는 종교가 그 여인의 죄를 용서하고 그 여인에게 평화를 안겨 줄 수 있는지 묻고 싶습니다."

이 세상에는 수많은 종교가 있습니다. 그러나 오직 예수 그리스도의 복음만이 하나님의 용서에 대해 가르치고 있습니다. 오직 예수님만이 그 여인의 손에 있는 핏자국을 닦아낼 수 있으며, 그녀에게 평안을 안겨 줄 수 있습니다. 죄 문제만 해결할 수 있다면 우리는 하나님 앞에 당당하게 설 수 있으며, 죽음 이후를 염려할 필요가 없습니다. 인간 스스로는 어떤 방법으로도 죄를 해결 받을 수 없습니다. 성경은 말씀합니다.

> 저가 빛 가운데 계신 것 같이 우리도 빛 가운데 행하면 우리가 서로 사귐이 있고 그 아들 예수의 피가 우리를 모든 죄에서 깨끗하게 하실 것이요
>
> (요한일서 1:7)

69

참 만족의 근원

켄트카우젠이라는 독일 사람은 57세의 나이로 자살을 하였습니다. 그의 유서에는 "나의 인생은 불행하였다."라고 기록되어 있었습니다.

외관상으로 볼 때 그는 전혀 불행한 사람이 아니었습니다. 그가 가진 현찰이 4억 4천만 달러나 되었고, 독일 내에 일만 오천 동의 아파트를 가지고 있었고 미국과 유럽 등지에 53개의 빌딩을 가진 거부였기 때문입니다.

요즘 많은 사람들이 위기라고 말합니다. 분명 경제적으로는 위기입니다. 그러나 경제적인 위기가 인생의 위기라고 말할 수는 없습니다. 물질적인 욕구가 채워진다고 해서 행복하다고 말할 수는 없습니다. 인생의 위기는 하나님을 등지고 사는 그 순간부터 시작됩니다. 하나님은 생사화복을 주관하시는 분으로 인생의 모든 만족을 가지고 나눠주시지만 물질은 사람에게 결코 만족함을 주지 못합니다. 아무리 많이 가진 자도 "조금만 더 …"라고 말하기 때문입니다.

하나님을 만나면 물질이 없어도 부요하게 삽니다. 그러나 하나님을 만나지 못하면 물질을 아무리 많이 가져도 마음속의 빈 공간을 도무지 채울 수 없습니다. 참 만족의 근원이신 하나님은 지금 당신을 부르고 계십니다.

> 나는 의로운 중에 주의 얼굴을 보리니 깰 때에 주의 형상으로 만족하리이다
>
> (시편 17:15)

70

창조의 신비

사람들이 자연의 신비함을 모르고 지낼 때가 많습니다. 우리가 속해 있는 은하계에 2천억 개의 별들이 있다고 하니 얼마나 넓고 광대한가를 상상할 수조차 없습니다.

이 세상 생명체 중 가장 정교하게 만들어진 사람의 뇌는 약 1400mg으로 몸무게의 2%를 차지한다고 합니다. 그런데 이 작은 뇌에서 취급하고 있는 하루의 정보량이 현재 전 세계의 전화 교신량을 합친 것보다 훨씬 더 많은 양의 정보를 취급하고 있으며, 매초 당 약 1억 비트의 정보가 인체의 여러 감각기관으로부터 쏟아져 들어온다고 합니다. 그러면 뇌간이라고 하는 곳에서 중요한 것은 추려서 엄청난 양의 정보를 조절합니다. 이 일에 참여하는 신경세포가 무려 1000억 개나 된다고 합니다. 더욱 놀라운 사실은 약 140억 개의 세포로 구성된 우리의 두뇌가 약 2000만 권이라고 하는 거의 무한한 양의 정보를 수용할 수 있도록 설계되었다는 사실입니다.

우주와 인간을 지배하고 계획하시는 하나님의 큰 뜻을 우리는 알 수가 없습니다. 많은 사람들이 창조주이신 하나님의 존재를 인정하지 않고 자신이 하나님이 되어 삽니다. 그러다가 힘없고 무기력한 자라는 것을 깨달았을 때 비로소 하나님을 찾게 됩니다. 늦게 찾은 만큼 손해입니다. 오늘 예수님께 나오십시오. 그러면 때를 따라 공급해 주시는 하나님의 크신 계획과 무한하신 사랑의 맛을 느끼며 살게 될 것입니다.

무릇 내 이름으로 일컫는 자 곧 내가 내 영광을 위하여 창조한 자를 오게 하라 그들을 내가 지었고 만들었느니라

(이사야 43:7)

71

청결

등산을 하다 보면 나무 위를 날렵하게 다니는 청솔을 볼 수 있습니다. 본래 청솔을 수입된 동물이었으나 지금은 너무 많이 번식하여 다람쥐 등을 마구 잡아먹기 때문에 그 피해가 심각하다고 합니다.

문득 나무를 타는 청솔을 보며 이런 생각을 하였습니다. "저 청솔은 언제 목욕할까?" 들짐승이 정기적으로 목욕한다는 이야기를 들어 본 적은 없습니다. 그러나 사람은 정기적으로 목욕을 해야 합니다. 깨끗하지 못하면 온갖 병균에 노출되어 병에 걸릴 수밖에 없기 때문입니다.

신체적으로 볼 때 사람은 다른 짐승들보다 뛰어난 것은 없습니다. 아무렇게나 방치하거나 노출시킬 만큼 강하지 않습니다. 다른 짐승과 다른 점이 있다면 몸을 청결히 해야 한다는 것입니다. 사람들은 냄새나고 지저분한 사람을 싫어합니다. 하나님께서도 깨끗한 사람을 좋아하십니다.

하나님이 사람에게 요구하시는 것은 외적인 청결이 아닙니다. 단지 죄로부터 정결케 되기를 원하십니다. 죄는 사람의 영혼을 파괴시키는 가장 심각한 병입니다.

하나님께서는 인간을 깨끗케 해 주시기 위해 예수님을 보내 주셨고 예수님은 우리가 지은 더러운 죄악 때문에 대신 십자가에서 돌아가시므로 우리의 죄 값을 다 지불하신 것입니다. 예수님을 믿으십시오. 그러면 죄로부터 자유함을 누릴 것입니다.

저가 빛 가운데 계신 것같이 우리도 빛 가운데 행하면 우리가 서로 사귐이 있고 그 아들 예수의 피가 우리를 모든 죄에서 깨끗하게 하실 것이요

(요한1서 1:7)

72

폭풍과 인생

폭풍이 심할 때는 배를 어느 한 곳에 단단히 붙들어 매어 두어야 합니다.

세상을 살다보면 걷잡을 수 없는 폭풍을 만날 때가 있습니다. 그럴 때 우리를 단단히 묶어 줄 수 있는 분은 바로 하나님이십니다. 하나님께 묶여 있는 한 어떤 폭풍도 당신을 넘어뜨리지 못합니다. 하나님은 당신의 피난처시오, 요새이십니다. 하나님은 인생을 만드신 창조주이십니다. 그러므로 하나님을 인정하고 인생의 주인으로 모시는 순간 인간의 힘으로는 도무지 불가능한 어떤 문제도 반드시 해결해 주십니다.

하나님은 우리가 도움을 청하는 것을 기다리고 계십니다. 그리고 가장 완벽하게 해결해 주십니다. 해결해 주시는 방법도 하나님의 방법으로 해결해 주시기에 도움을 구한 우리가 이해할 수 없는 경우가 종종 있지만 뒤돌아보면 그 방법이 가장 완벽한 해결책임을 깨닫게 됩니다.

하나님께 당신의 인생을 단단히 묶어 두십시오. 그러면 어떤 풍랑도 문제가 되지 않을 것입니다. 하나님은 성경을 통해 우리에게 말씀하십니다.

> 내가 여호와를 가리켜 말하기를 저는 나의 피난처요 나의 요새요 나의 의뢰하는 하나님이라 하리니 이는 저가 너를 새 사냥꾼의 올무에서와 극한 염병(染病)에서 건지실 것임이로다
>
> (시편 91:2-3)
>
> 보라 하나님은 나의 구원이시라 내가 의뢰하고 두려움이 없으리니 주 여호와는 나의 힘이시며 나의 노래시며 나의 구원이심이라 그러므로 너희가 기쁨으로 구원의 우물들에서 물을 길으리로다
>
> (이사야 12:2-3)

73

폭풍의 언덕에 대한 평가

여류작가 에밀리 브론테는 1818년 요크셔 목사의 집안에서 태어났습니다. 아버지와 백모의 손에서 자란 그녀는 잠간 동안 교사 생활을 하였으며 히스 꽃이 만발한 자연을 즐기며 산책하는 것이 그녀의 기쁨이었습니다.

그는 집필 활동에도 남다른 재능을 보였습니다. 그녀가 쓴 시로는 죄수, 내 영혼은 비겁하지 않노라 등이 있으며 유일한 소설인 폭풍의 언덕은 그 당시 사람들의 주목을 받지 못하고 오히려 혹평을 받았습니다.

에밀리 브론테는 결혼도 하지 않은 채 1948년 30세의 나이로 세상을 떠나고 말았습니다. 그녀의 병은 폐결핵이었습니다.

오늘날 그녀의 저서인 폭풍의 언덕은 많은 사람들의 사랑을 받는 베스트셀러가 되었습니다. 셰익스피어의 리어왕이나 멕빌의 백경에 버금가는 명작으로 평가받고 있습니다. 이처럼 세상을 살면서 평가받지 못한 사람도 후대에는 칭찬과 박수를 받을 수 있습니다.

인생에게 가장 중요한 것은 이 세상에서의 삶이 내세에 보상을 받는다는 것입니다. 하나님에 대한 믿음이야 말로 짧은 이 세상의 아쉬움과 아픔을 채우고도 남음이 있다는 사실을 망각하지 말아야 합니다.

> 내가 선한 싸움을 싸우고 나의 달려갈 길을 마치고 믿음을 지켰으니 이제 후로는 나를 위하여 의의 면류관이 예비되었으므로 주 곧 의로우신 재판장이 그 날에 내게 주실 것이니 내게만 아니라 주의 나타나심을 사모하는 모든 자에게니라
>
> (디모데후서 4:7-8)

74

풍선 술집

미국에는 '풍선 술집' 이라는 맥주집이 있다고 합니다. 여기는 수십 수백 개의 풍선이 주렁주렁 매달려 있는데, 풍선마다 남녀노소 할 것 없이 각양각색의 얼굴들이 험상궂게 그려져 있고 손님은 자신이 증오하고 있는 인물과 흡사하게 생긴 용모의 풍선을 골라 갖는데, 이를테면 상사로부터 꾸지람 받고 나왔으면 그 상사와 흡사한 대머리까진 풍선을, 아내에게 얻어맞고 나왔으면 아내와 비슷하게 생긴 여우같은 풍선을 골라 들고 옆방으로 들어갑니다. 그곳에는 풍선 파열장치가 되어 있는데 풍선을 끼우고 스위치를 누르면 험상궂은 모습이 되고, 일정한 거리에서 마냥 달려가 그 풍선에 주먹질하여 터뜨리면 그 파열음이 확산되어 천지가 무너지는듯한 소리가 난다고 합니다. 후련해진 손님은 생맥주 한잔을 들이키고 나간다고 합니다.

미국에는 연간 평균 1백 80만 명의 아내가 남편으로부터 얻어 맞고 있으며, 전 가정의 4분의 1이 가정 폭력을 겪고 있다고 합니다. 그러나 싸울 때에 39퍼센트의 남편이 아내에게 살림살이를 던지며, 37퍼센트의 아내가 남편에게 세간을 던져 응수를 하고, 31퍼센트의 남편이 아내를 밀치고 목을 조르는데 대해 21퍼센트의 아내도 그 같은 방법으로 남편에게 응수를 한다고 합니다. 미국의 연간 평균 살인 숫자인 2만 건 가운데 부부간 살인이 10.6퍼센트나 차지하는 것으로 보아서 가정이 지옥처럼 변하고 있는 것을 알 수 있습니다.

하나님은 가정이 천국의 모습을 가지기를 원하십니다. 가정은 천국을 미리 맛보는 사랑의 장소가 되어야 합니다.

아내를 얻는 자는 복을 얻고 여호와께 은총을 받는 자니라

(잠언 18:22)

75

프레데릭 대왕의 비웃음

프러시아의 프레데릭 대왕(1657-1713)은 기독교를 하찮게 생각하는 사람이었습니다.

그에게는 충성스러운 신하인 본진랜드 장군이 있었는데 그는 성실한 크리스천이었습니다. 하루는 신하들이 모인 자리에서 대왕이 크리스천들을 야유하기 시작하였습니다. 그러자 장내가 왕의 뜻에 따라 그런 분위기가 되어 가고 있었습니다. 이때에 엄숙한 표정을 한 본진랜드 장군이 자리에서 일어나 대왕을 바라보며 말했습니다.

"폐하께서는 내가 죽음을 두려워하지 않는다는 것을 잘 아십니다. 그래서 나는 전쟁터에서 대왕을 위하여 38번을 싸워서 이겼습니다. 저는 이제 나이 많은 늙은 사람이 되었습니다. 저는 머지않아 대왕께서 비웃으시는 나의 구주 그리스도를 만나뵈러 가게 됩니다. 나이 많아 영원을 바라보는 저는 예수 그리스도가 대왕보다 더욱 위대한 분인 것을 압니다. 폐하, 소신은 이제 물러가려 합니다." 이 말에 장내는 두려움에 떨게 되었습니다. 장군을 처형하라는 추상같은 대왕의 명령이 떨어질 것으로 생각했기 때문입니다. 대왕의 떨리는 음성이 다음과 같이 들려왔습니다.

"장군, 내가 잘못했소. 나를 용서하시오."

믿음은 확신입니다. 그리고 죽음에 대한 두려움을 이기는 것입니다. 확신에 찬 삶을 살 수 있는 근거는 돈이나 명예가 아니라 하나님에 대한 믿음입니다. 내일에 대한 보장도 믿음입니다. 믿음은 하나님과 인격적인 관계를 유지하는 가장 행복한 교제임을 알아야 합니다.

> 이를 인하여 내가 또 이 고난을 받되 부끄러워하지 아니함은 나의 의뢰한 자를 내가 알고 또한 나의 의탁한 것을 그 날까지 저가 능히 지키실 줄을 확신함이라
>
> (디모데후서 1:12)

76

하나님께서 보시는 매력

결혼 후 처음 산 냉장고는 문이 하나 달린 조그만 냉장고였습니다. 냉장고가 생겼다는 것에 대한 뿌듯함은 어떤 음식을 넣어도 상하지 않는다는 생각 때문이었습니다.

사람들은 깨끗한 음식을 원합니다. 과일을 오래 두면 벌레가 생깁니다. 생선이 상하면 악취가 납니다. 사람의 살도 썩게 되면 파리가 달려들어 구더기가 생깁니다.

하나님이 주신 영혼이 부패하면 냄새가 나고 온갖 더러운 것이 따라 붙게 됩니다. 사람들은 외모에는 신경을 쓰지만 내면의 더러움에는 큰 관심을 가지고 있지 않습니다. 그러나 하나님은 우리의 내면을 바라보고 계십니다. 얼마나 깨끗하게 씻고 있는지를 말입니다.

　부모들이 자녀들에게 매일 입버릇처럼 가르치는 것이 있습니다. 그것은 바로 "깨끗이 씻어라" 입니다. 세상의 부모는 외적인 것만 본다면 하나님은 우리의 내면을 보십니다. 하나님은 사람들이 경건을 연습하기를 원하십니다. 경건이 얼마나 큰 유익을 주는지 말씀하고 있습니다.

> 육체의 연습은 약간의 유익이 있으나 경건은 범사에 유익하니 금생과 내생에 약속이 있느니라
>
> (디모데전서 4:8)

77

하나님이 주신 보약

오래 전에 연세 많은 할머니 한 분이 불면증으로 심한 고통을 당한 것을 본적이 있습니다. 그 분의 집을 방문할 때면 죽고 싶을 정도로 괴롭다며 기도를 부탁하던 기억이 지금도 생생합니다.

건강한 삶을 살기 위해서는 적당한 운동과 함께 골고루 영양을 섭취해야 합니다. 그러나 이 두 가지가 다 충족되어도 깊은 잠을 잘 수 없다면 건강을 유지할 수 없습니다.

철학자 칸트는 밤10시부터 새벽 5시까지 7시간의 숙면을 취했으며 웨슬리는 매일 6시간의 수면을 취했다고 합니다. 하나님께서 인간에게 주신 잠이야말로 최고의 보약입니다. 깊은 잠을 잘 수 있는 사람은 행복한 사람입니다.

요즘은 불면증으로 고통을 당하는 사람이 많습니다. 불면증이 심해지면 정신병이 되고 맙니다. 걱정과 근심 그리고 불안은 사람에게서 잠을 빼앗아 갑니다. 잠은 가장 좋은 휴식이며 재충전입니다. 마음과 육체가 새로운 일을 할 수 있는 최고의 활력소가 됩니다. 매일 반복되는 잠은 인생에게 주신 귀중한 선물입니다. 그러므로 잘 수 있다는 것에 대해 하나님께 감사해야 합니다.

평안을 소유하지 못한 자는 잠을 잘 수 없습니다. 참된 평안은 하나님을 신뢰하지 않고는 얻을 수 없습니다. 돈, 명예, 지식, 이성이 평안을 주지 못합니다. 이런 것들은 오히려 짐이 되어 고통을 줄 때가 많습니다. 하나님께 인생을 맡기고 사십시오. 그러면 평안의 잠을 주실 것입니다. "덕 있는 사람의 잠은 달콤하다."라고 한 J 에디슨의 말처럼 달콤한 잠을 잘 수 있는 것이야 말로 하나님으로부터 복 받은 증거인 것입니다.

내가 누워 자고 깨었으니 여호와께서 나를 붙드심이로다

(시편 3:5)

여호와께서 그 사랑하시는 자에게는 잠을 주시는도다

(시편 127:2)

78

하얀 캔버스

18세기 영국의 대표적인 초상화가인 레늘즈는 그림을 그리기 전에 먼저 캔버스를 전부 하얗게 칠하고 그림을 그렸는데, 그는 "이렇게 하면 그림 전체에 새로운 광택을 줄 수 있습니다."라고 말했다고 합니다.

한 해를 시작하면서 새로운 마음으로 신앙생활을 해야 합니다. 하나님 앞에서 하얀 마음을 가지고 하나님의 말씀을 마음 판에 새기고 살아간다면 힘 있고 활기찬 삶을 살게 될 것이 분명합니다.

오래전 테니스를 탁구를 하듯이 짧게 치는 사람을 보았습니다. 그 사람이 배운 어정쩡한 실력을 버리고 기초부터 새롭게 시작하지 않는다면, 기대할 것 없는 동네 선수로 전락할 수밖에 없을 것입니다.

　인생의 걸작품을 그리기 위해서는 예수님을 초청하여 인생의 기초가 되어 달라고 부탁해야 합니다. 그리고 인생을 살리는 능력인 하나님의 말씀을 받을 때에 내 자신의 과거의 경험과 실력을 깨끗이 지운 하얀 캔버스와 같은 마음이 아니면 결코 걸작품이 나올 수 없을 것입니다.

> 깨끗한 자에게는 주의 깨끗하심을 보이시며 사특한 자에게는 주의 거스리심을 보이시리니
>
> (시편 18:26)
>
> 청년이 무엇으로 그 행실을 깨끗케 하리이까 주의 말씀을 따라 삼갈 것이니이다
>
> (시편 119:9)

79

행복의 시작

요즘 신세대들 중에는 결혼 4년 미만의 이혼율이 급증하고 있습니다. 이는 조급한 성격을 그대로 보여 주는 것이라고 할 수 있습니다. 결혼에 대한 환상으로 가득 차 있다가 그 환상이 깨어지는 순간 재빨리 돌아섭니다.

결혼은 참는 연습입니다. 참을성이 없는 사람은 아름다운 가정을 이룰 수 없습니다. 그리고 자기를 포기하는 연습을 매일 해야 합니다. 인내심이 없고 이기심이 강한 자는 결혼이 결코 행복할 수 없습니다.

결혼은 상대방의 모든 것을 다 받아들이는 것입니다. 그 사람의 자란 환경과 친척과 친구들까지도 받아들일 수 있는 마음의 자세가 있어야 합니다. 결혼은 하나님이 허락한 소중한 복이기 때문입니다. 상대방에 대해 세상의 흔한 것 중에 하나를 취했다는 식의 개념으로 생각한다면 이는 하나님이 주신 선물을 무시하는 엄청난 범죄인 것입니다.

새 것은 곧 헌 것이 됩니다. 신비로움은 시간이 지나면 사라지고 맙니다. 행복은 내가 사랑을 주는 순간부터 시작됩니다. 그러다 보면 상대방이 최고의 대상임을 느끼는 데는 결코 오랜 시간이 걸리지 않을 것입니다.

아내를 얻는 자는 복을 얻고 여호와께 은총을 받는 자니라

(잠언 18:22)

80
현미경은 나쁜 놈

어느 목사가 설교 중에 "여러분의 손바닥을 현미경으로 들여다 보면 온갖 병균이 우글거리는 것을 보게 될 것입니다."라고 말하 자 어떤 노인이 "현미경 그 놈 나쁜 놈이네."라고 말했다고 합니 다. 사람들은 자신의 손이 남의 손보다는 깨끗할 것이라고 생각 합니다. 그러나 알고 보면 더 지저분한 경우도 많습니다.

사람들은 알게 모르게 죄를 범하고 삽니다. 그러나 죄가 얼마나 사람을 비참하게 만드는지 잘 모르는 경우가 많습니다.

인생의 행복은 눈에 보이는 것보다 눈에 보이지 않는 것들에 의 해 좌우됩니다. 성경은 인생의 복이 죄와 관계가 있다고 시편 32 편 1-2절에서 말씀합니다.

"허물의 사함을 얻고 그 죄의 가리움을 받은 자는 복이 있도다. 마음에 간사가 없고 여호와께 정죄를 당치 않은 자는 복이 있도다."

인생의 복은 하나님이 주십니다. 하나님은 죄를 인정하고, 죄에 대해 용서를 구하는 자를 복된 자로 규정하고 있습니다. 죄가 인생들이 그렇게 원하는 복을 단숨에 파괴하기 때문입니다. 예수님 앞에 나온 자들이 행복하다고 하는 이유가 바로 죄로부터 용서받았기 때문입니다.

내가 네 허물을 빽빽한 구름이 사라짐 같이, 네 죄를 안개의 사라짐 같이 도말하였으니 너는 내게로 돌아오라 내가 저를 구속하였음이니라

(이사야 44:22)

81

호흡의 법칙

등산이 건강에 좋다는 사실은 누구나 알고 있습니다. 등산은 온몸 운동입니다. 등산을 통해 건강을 얻게 되는 여러 가지 이유 중 특히 산속의 맑은 공기를 마실 수 있기 때문이라고 합니다. 호흡을 통해 사람의 생명이 유지 됩니다. 호흡은 길고, 깊게 하면 좋다고 합니다. 대부분의 사람들이 호흡을 짧게 함으로 몸에 이상이 생기는 이유가 된다고 합니다.

인생은 호흡이 단 몇 분이라도 끊어지면 살 수 없는 것입니다. 육체적인 호흡이 중요하듯 영적인 호흡도 중요합니다. 영혼의 호흡이라고 불리는 기도는 사람에게 가장 필요한 것입니다.

사람은 기도를 통해 중요한 모든 것을 공급 받게 됩니다. 기도는 하나님과의 교제입니다. 그리고 살아계신 하나님의 손길을 체험하게 됩니다. 기도는 개인이나 가족 그리고 어떤 공동체든 건강하고 활력 있게 만들어 줍니다.

어떤 분은 기도에 대해 이렇게 말했습니다. "기도는 교회의 생명이다. 기도 없는 곳에는 생명도 없고 부흥도 없다."

한 평생을 70년이라 보면 노동에 사용한 시간이 25년 정도라고 합니다. 수면에 사용한 시간은 20년, 식사와 옷 입는 시간 2년 등이라고 합니다. 그렇다면 영혼의 호흡이라고 하는 기도를 위해 사용한 시간은 얼마나 될까요? 개인에 따라 다를 것입니다. 매일 하루에 한 시간 정도 기도했다면 3년 정도가 됩니다. 육체의 호흡도 길고 깊게 해야 건강하게 오래 살 수 있듯이 영원한 호흡인 기도도 깊고 길게 해야 할 것입니다. 기도만이 인생을 지켜 줄 수 있습니다. 아직도 다른 것에 인생을 걸고 있습니까? 예수님을 믿으십시오. 그리고 지금부터 기도를 시작하십시오. 당신의 인생이 분명 달라질 것입니다.

쉬지 말고 기도하라
(데살로니가전서 5:17)